令和４年度学力検査［第Ⅰ期］

国　語

（45分）

岡山県公立高等学校

受検上の注意

1　「始めなさい。」の指示があるまで、問題を見てはいけません。
2　解答用紙は、この表紙の裏面です。
3　指示があったら、解答用紙と問題用紙を全部調べなさい。問題用紙は１ページから11ページにわたって印刷してあります。もし、ページが足りなかったり、やぶれていたり、印刷のわるいところがあったりした場合は、手をあげて監督の先生に言いなさい。そのあと、指示に従って解答用紙に受検番号、志願校名を書き入れてから始めなさい。
4　解答用紙の定められたところに、記号、数、式、ことば、文章などを書き入れて答えるようになっていますから、よく注意して、答えを書くところや書き方をまちがえないようにしなさい。
5　答えが解答欄の外にはみ出したり、アかイかよくわからない記号を書いたりすると、誤答として採点されることがあります。
6　解答用紙に印刷してある［　］や［※］には、なにも書いてはいけません。
7　メモなどには、問題用紙の余白を利用しなさい。
8　「やめなさい。」の指示があったら、すぐに書くのをやめ、解答用紙を机の上に広げて置きなさい。問題用紙は持ち帰りなさい。
9　解答用紙は、検査室からいっさい持ち出してはいけません。

2022(R4) 岡山県公立高　一般
教英出版

解答用紙

受検番号
（算用数字）
志願校

注意 字数が指定されている設問では、「、」や「。」も一ます使いなさい。

1

①ⓑ	①ⓓ	②	③	④	⑤X	⑤Y	⑥
んじまった							

2

①	②	③	④X	④Y

※

※70点満点
（配点非公表）

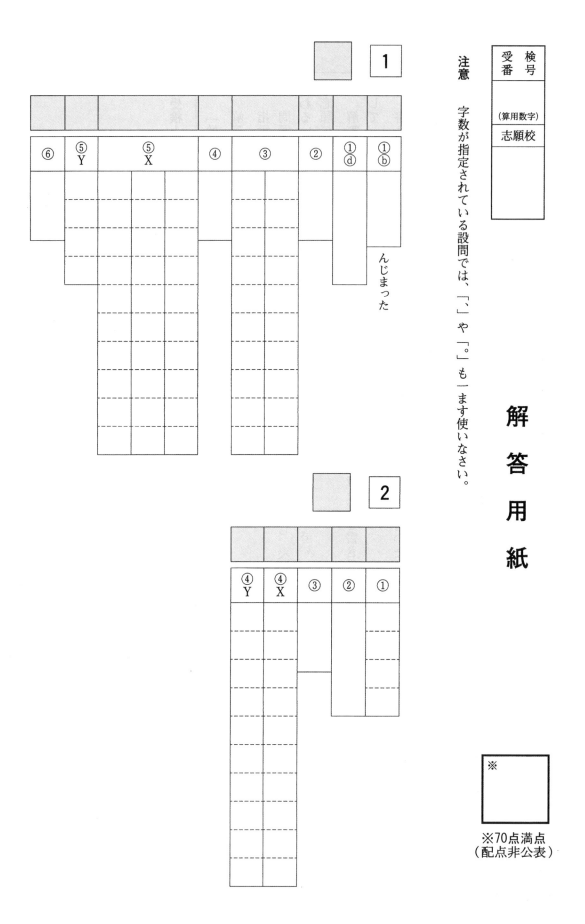

問題は、次のページから始まります。

1　次の文章は、四百メートルリレー走の都大会に出場している高校三年生の「朝月渡《あさつきわたり》」が、チームメイトの「脊尾《せお》」と翌日の決勝戦に向けて会話している場面です。第四走者の「朝月」は、準決勝戦で第三走者の「脊尾」が練習していないバトンの渡し方をしたことについて注意しましたが、「脊尾」がそれに反論しました。これを読んで、①〜⑥に答えなさい。

「練習でやってないことをやるなって言ったけど、オレはそれ、逆だと思う。ⓐ試合でやらないことを、おまえが練習してたんだよ」

俺は数秒ぼんやりしてから、目を白黒させた。

「は？」

なに言ってんだ、こいつ。

「バトン、全力で〝もらう〟つもりだったって言うんだろ？　加速できなくてもいいから、とにかくもらうことに全力を尽くすつもりだった、って」

脊尾は、言い返そうとした俺の機先を制する。

「けど、おまえの背中はちゃんと走ろうとしてた。オレがいけって言う前に、攻め気に走り出してた。その後ブレーキ踏みそうだったからⓑ叫んじまったけど」

俺がぐっと言葉に詰まったのは、それが事実だと自覚しているからだ。空斗《たかと》さんなら……と考えた瞬間、足が勝手に動き出していた。

「逆に訊《き》くけど、なんでブレーキ踏もうとしたんだよ」

俺は脊尾を睨《にら》みつける。

わかるだろ？　おまえも三年なら。

「だって嫌だろ！　これが最後の年なんだぞ！　最後のチャンスなんだ。バトンミス一つで終わるなんて……」

口にすると、それは思っていた以上に格好の悪い理屈だった。だけど本音だ。きっと、日本中の高校三年生が、陸上に限らず、スポーツに限らず、感じている恐怖だ。今年で最後。一走、一跳、一泳、一球、一投、一打、一奏、一描、一書、その他すべての部活動におけるありとあらゆる動作に、きっとたくさんの三年生が魂を込めている。高校一年、高校二年のときには感じなかった。だけど高校三年は……最後だと思った瞬間、急に怖くなって必死に練習しだしたりして……俺はそれを否定しない。だって俺もそうだから。

「だったら詰まってでも、確実にもらう方が絶対いい」

俺は自分のつま先に向かって、吐き捨てるようにつぶやく。ⓒ脊尾の顔なんか見られない。

「そんなふうに守って、明日の決勝勝てると思うか？」

脊尾が静かに訊いた。

「勝てないかもな」

それは今日思った。

「でもタイムが届かなくて負けるより、バトンを落として負ける方が、俺は後悔する」

そうだろう？

そうだろう？

誰だって、そうだろう？

盛大なミスをして終わるより、それなりで終わりたいだろう？　終わりよければすべてよし、なんて言葉、終わった瞬間にはくそくらえって思うさ。けど終わるまでは、それに縋《すが》ったっていいだろう？　俺たちは、三年間を費やしてきた。決して短くない時間を捧《ささ》げてきた。その終わりがⓓお粗末なバトンミスだなんて、一生悪夢に見る。冗談じゃない。

「なに言ってんの、おまえ」

なんで、おまえが、怒ってんだよ。

「ふざけんな。どっちだって後悔するに決まってんだろ、そんな二択。なんでそもそもこの二択なんだ」

ⓔ顔をつかまれて、上を向かされた、ような気がした。脊尾は依然はす向かいに座っている。少し身を乗り出して、俺をじっと睨んでいる。

「バトンも成功して、タイムも最高を出す。そうだろ？　それをやるべきだろ？　なんで最初からそれを目指さない？」

バトンパスの理想は、前走者が十のスピードのまま、十のスピードで走る次走者にバトンを渡すことだ。そんなの、わかってるさ。

「できねえんだよ！」

俺は喚《わめ》いた。

「できるわけ、ねえだろそんなの。俺とおまえの間に、そんな信頼関係なんかねえよ」

そうだ。遅過ぎたんだ。俺とおまえは、わかり合うのがあまりに遅過ぎた。もっと早くに、お互いを知ることができていれば……バトンパスだって、きっと、もっと――。

「おまえさァ……弱音吐くタイミングじゃねえだろ。泣いても喚いても、決勝は明日なんだぜ。明日走らなきゃなんないんだ。今の全力で、今できることをやるしかないんだ。できねえ、ってなんだよ？　違うだろ、やりたくないんだろ！　失敗が怖いから！」

俺は言い返そうと口を開く。でも言い返す言葉は見つからなかった。だって、脊尾の言っていることは正しい。失敗が怖いと、俺は今さっき、言い返そうとしているまさにこの口で、脊尾に言っちまった。（中略）

「なにごちゃごちゃ考えてるのか知らないけどさ、そんな難しいこと訊いてないだろ」

脊尾ががしがしと頭をかきながら言った。

ⓕ「向いてるかどうかとか、できるかどうかとか、訊いてねえよ。おまえがどうしたいか訊いてんだよ」

俺がどうしたいか？

「どうしたいんだよ、朝月は」

脊尾にきちんと名前を呼ばれたのは、初めてだったかもしれない。

朝月渡がどうしたいのか。そんなことは、訊かれるまでもなく、ずっと同じだ。

「……勝ちたい」

本音。きちんと本音。できるかどうかじゃない。向いてるかどうかじゃない。シンプルに、俺が成し遂げたいこと。

「勝ちたい！」

このチームで、明日の決勝、勝ちたい。優勝は無理でも、負けたくない。関東、行きたい。

脊尾がゆっくりうなずいた。

「だったら、もっとオレを信頼しろ。できなくてもしろ。そんでもっと引っ張れ。ちゃんと渡すから」

見知ったはずの三走は、力強い目で俺を見ていた。ギラギラとした目。夏の太陽みたいな眼差《まなざ》しだ。最初からこんな目してたっけな？　こいつ……。

（出典　天沢《あまさわ》夏月《なつき》「ヨンケイ!!」）

（注）

機先を制する――相手より先に行動して、その計画・気勢をくじく。

空斗さん――関東大会まで出場した陸上部の先輩。朝月が憧れている。

はす向かい――斜め前。

引っ張れ――ここでは「しっかり助走してからバトンを受け取れ」という意味。

① ――の部分ⓑ、ⓓの漢字の読みを書きなさい。

② ⓐ「試合でやらないことを、おまえが練習してたんだよ」とありますが、ここで「脊尾」が非難していることとして最も適当なのは、**ア**～**エ**のうちではどれですか。一つ答えなさい。

ア　朝月が準決勝戦で練習の成果を発揮できなかったこと。

イ　朝月が練習で確実にバトンを受け取ろうとしていたこと。

ウ　朝月が加速してバトンを受け取る練習をしていたこと。

エ　朝月が準決勝戦で自分が指示を出す前に走り出したこと。

③「脊尾の顔なんか見られない」とありますが、その理由について説明した次の文の□に入れるのに適当なことばを、二十字以内で書きなさい。

　自分が抱いている□から生まれた格好の悪い理屈を口にしたことで、脊尾に対して気まずさを覚えたから。

④「ⓔ顔をつかまれて、上を向かされた、ような気がした」とありますが、「朝月」がこのように感じた理由を説明したものとして最も適当なのは、**ア**～**エ**のうちではどれですか。一つ答えなさい。

ア　三年生なら誰もが抱えているはずの気持ちを、脊尾にあっさりと否定されたから。
イ　陸上をやっていれば理解できる自分の考えに対し、脊尾が冷たい反応をしたから。
ウ　今日の結果から勝敗を予想しただけなのに、脊尾に考えの甘さを指摘されたから。
エ　脊尾の意見に対して素直に賛同したところ、脊尾が思いがけず抗議してきたから。

⑤「ⓕ向いてるか……訊いてんだよ」とありますが、このときの「脊尾」の心情について説明した次の文の X 、 Y に入れるのに適当なことばを、 X は三十字以内で書き、 Y は文章中から四字で抜き出して書きなさい。

　 X ことが原因で明日の決勝戦は負けてしまうかもしれないという弱音ではなく、準決勝戦で攻め気に走り出した朝月の姿から脊尾が感じた、 Y という本音を朝月の口から聞かせてほしいと思っている。

⑥　この文章の表現の特徴について説明したものとして最も適当なのは、**ア**～**エ**のうちではどれですか。一つ答えなさい。

ア　「目を白黒させた」という表現は、脊尾から的を射た発言をされたために動揺を隠しきれない朝月の様子を印象づけている。
イ　「そうだろう？」ということばを繰り返し使った表現は、脊尾を根気強く説得しようとしている朝月の熱意を表している。
ウ　「がしがしと頭をかきながら」という表現は、朝月に対して初めて本心をさらけ出した脊尾の照れくささを強調している。
エ　「最初からこんな目してたっけな？　こいつ……。」という表現は、脊尾に対する朝月の見方が変化したことを暗示している。

2

次の文章は、杜牧《とぼく》の漢詩「山行」とその通釈、及びそれについての串田久治《くしだひさはる》と諸田龍美《もろたたつみ》の対話です。これを読んで、①〜④に答えなさい。

山行　　杜牧

遠上寒山石径斜　　遠く寒山に上れば石径斜めなり
白雲生処有人家　　白雲生ずる処《ところ》　人家有り
停車坐愛楓林晩　　車を停《とど》めて坐《そぞ》ろに愛す　楓林《ふうりん》の晩《くれ》
霜葉紅於二月花　　霜葉《そうよう》は二月の花よりも紅なり

【通釈】

ひっそりと静かな晩秋の山をどこまでも登ってゆくと、石の多い小径《こみち》が斜めに続いている。白雲が湧き出てくる所に、思いがけずも人家があった。車を停《と》めて、私はいつしかうっとりと、紅葉した木々が夕陽《ゆうひ》に照り映える、その美しい風景に見とれていた。晩秋の霜にあって色づいた木々の葉は、あの春二月に競い咲く美しい花々よりもさらに紅《あか》く美しい。

【対話】

串田　確か宋玉《そうぎょく》でしたね、「秋は悲しい」と最初に詠《うた》ったのは？

諸田　ええ、彼が「悲しいかな、秋の気たるや」と宣言してから、秋は悲しい季節、というイメージが定着したといわれます。

串田　たとえば『詩経《しきょう》』には、悲しい秋というイメージはまず出てこない。秋は収穫の季節ですから、本来、よろこばしい季節だったはずで……。

諸田　そうなんですね、だから、日本でも『　A　』では「悲しい秋」というイメージはあまりなくて、それが定着してくるのは、平安朝の初期ですね。（中略）

串田　「山行」は「寒山」「石径」「白雲」と、モノトーンの世界ですね。

諸田　ええ。五行思想で四季を表せば「青春」「朱夏」「白秋」「玄冬」ですから、秋の色彩は白。モノトーンに近い「山行」の前半は、たいへん秋らしい風景だといえるかもしれません。

串田　それが後半でガラッと変わるんですね。「霜葉は二月の花よりも紅なり」とは、紅葉の鮮烈な色彩が目に焼き付くような、実に印象的な表現です。

諸田　そうですね。私はこの「山行」を読むと、いつも藤原定家の「見渡せば花ももみぢもなかりけり　浦の苫屋《とまや》の秋の夕暮れ」を連想するんですよ。

串田　「花ももみぢもなかりけり……」ねえ……。

問題は，次のページから始まります。

1 次の ① ～ ⑤ の計算をしなさい。⑥ ～ ⑩ は指示に従って答えなさい。

① $2-(-4)$

② $(-56)\div 7-3$

③ $2(3a-b)-(a-5b)$

④ $14ab\times\dfrac{b}{2}$

⑤ $(1+\sqrt{3})^2$

⑥ ax^2-16a を因数分解しなさい。

⑦ 図のような，半径 4 cm，中心角 150° のおうぎ形があります。このおうぎ形の面積を求めなさい。

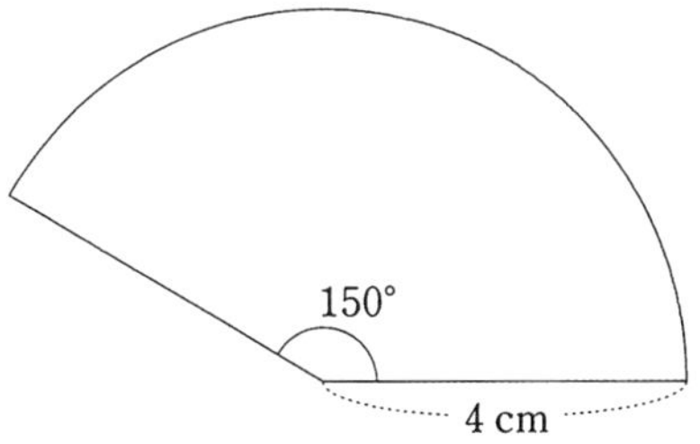

⑧ 次の方程式について，そのグラフが点 (1，−2) を通るものは，ア～エのうちではどれですか。当てはまるものをすべて答えなさい。

ア $3x-y-1=0$　　**イ** $3x+2y+1=0$　　**ウ** $3y+6=0$　　**エ** $x+1=0$

⑨　ある中学校のA組40人とB組40人の生徒が，20点満点のクイズに挑戦しました。次の箱ひげ図は，そのときの2クラス40人ずつの得点の分布を表したものです。この箱ひげ図から読み取れることを正しく説明しているのは，**ア**〜**エ**のうちではどれですか。当てはまるものをすべて答えなさい。

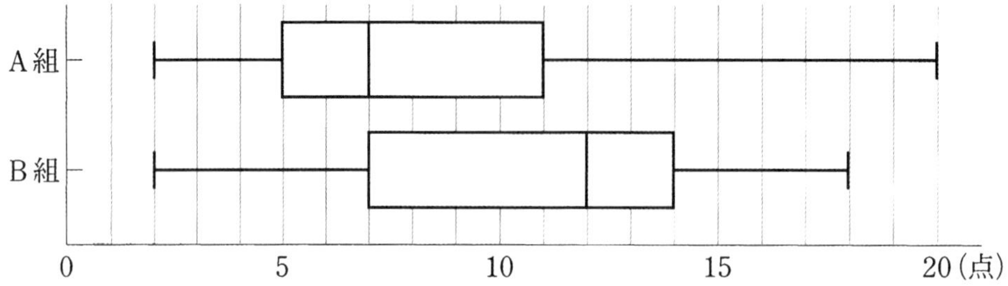

ア　四分位範囲は，A組よりもB組の方が大きい。

イ　2クラス全体の中で，得点が一番高い生徒はB組にいる。

ウ　A組の第3四分位数は，B組の第2四分位数より大きい。

エ　得点が12点以上の生徒の人数は，B組がA組の2倍以上である。

⑩　図のような△ABCがあります。次の**【条件】**をすべて満たす点Pを，定規とコンパスを使って作図しなさい。作図に使った線は残しておきなさい。

【条件】
・点Pは，辺AB上にある。
・点Pと直線AC，直線BCとの距離は等しい。

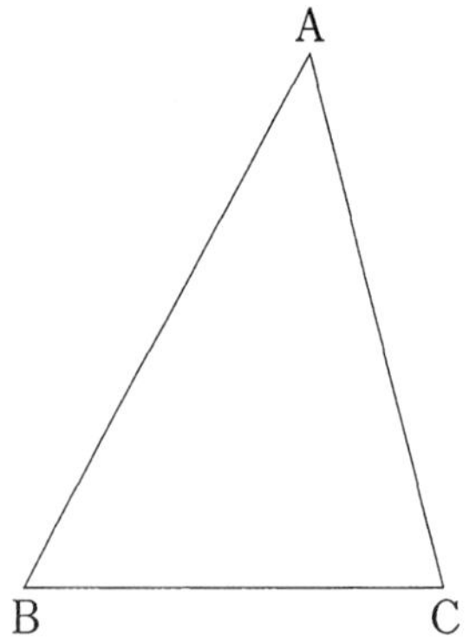

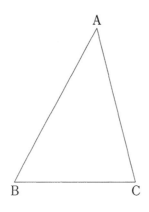

2　太郎さんたちは，生徒会で資源ごみを回収し，近所のリサイクル業者に持ち込む取り組みをしています。そこでは，チラシに示すような比率でポイントが与えられます。①，②に答えなさい。

チラシ

ペットボトル	1 kg あたり	20 ポイント
新聞紙	1 kg あたり	7 ポイント
アルミ缶	1 kg あたり	45 ポイント
スチール缶	1 kg あたり	10 ポイント

・缶はこちらで分別します！
・ポイントは後日お知らせします！

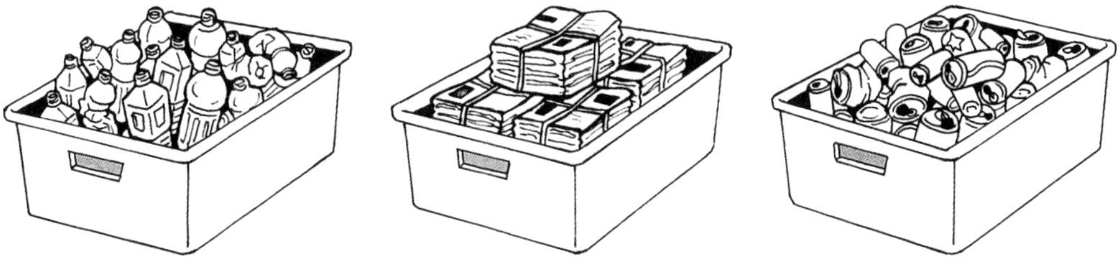

①　チラシに示された内容に従って，次の数量の関係を不等式で表しなさい。

ペットボトル a kg と新聞紙 b kg のポイントの合計は，500 ポイント以上である。

② 太郎さんたちは，アルミ缶とスチール缶を合わせて39 kg持ち込んだところ，1160ポイントが与えられました。(1)，(2)に答えなさい。

(1) 持ち込んだアルミ缶を x kg，スチール缶を y kgとして連立方程式をつくりなさい。

(2) 持ち込んだアルミ缶とスチール缶は，それぞれ何kgであるかを求めなさい。

3　図１のように，関数 $y = ax^2$ のグラフ上に点Ａが，関数 $y = -x^2$ のグラフ上に点Ｂがあります。２点Ａ，Ｂの x 座標は等しく，ともに正であるとします。①，②に答えなさい。ただし，$a > 0$，点Ｏは原点とします。

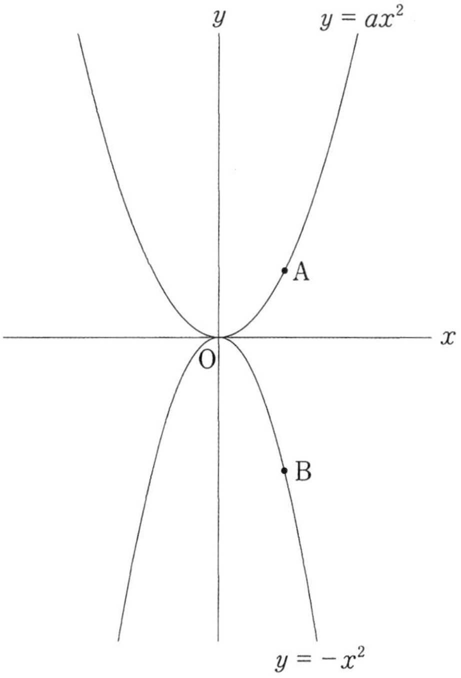

図１

① 点Ａの座標が（2，2）のとき，(1)～(3)に答えなさい。

(1) a の値を求めなさい。

(2) 点Ｂの y 座標を求めなさい。

(3) 関数 $y = -x^2$ のグラフ上に点Ｐがあり，△ＯＡＢと△ＰＡＢの面積の比が２：３となるとき，点Ｐの x 座標をすべて求めなさい。

令和４年度学力検査［第Ⅰ期］

英　　語　（45分）

受検上の注意

1　「始めなさい。」の指示があるまで，問題を見てはいけません。

2　解答用紙は，この表紙の裏面です。

3　指示があったら，解答用紙と問題用紙を全部調べなさい。
　問題用紙は１ページから10ページにわたって印刷してあります。もし，ページが足りなかったり，やぶれていたり，印刷のわるいところがあったりした場合は，手をあげて監督の先生に言いなさい。そのあと，指示に従って解答用紙に受検番号，志願校名を書き入れてから始めなさい。

4　解答用紙の定められたところに，記号，数，式，ことば，文章などを書き入れて答えるようになっていますから，よく注意して，答えを書くところや書き方をまちがえないようにしなさい。

5　答えが解答欄の外にはみ出したり，アかイかよくわからない記号を書いたりすると，誤答として採点されることがあります。

6　解答用紙に印刷してある □ や [※] には，なにも書いてはいけません。

7　メモなどには，問題用紙の余白を利用しなさい。

8　「やめなさい。」の指示があったら，すぐに書くのをやめ，解答用紙を机の上に広げて置きなさい。問題用紙は持ち帰りなさい。

9　解答用紙は，検査室からいっさい持ち出してはいけません。

受検番号	(算用数字)	志願校	

解答

注意 1 英語で書くところは，活字体，筆記体のどちらで書いてもかまいません。
2 語数が指定されている設問では，「,」や「.」などの符号は語数に含めません。
また，「don't」などの短縮形は，1語とします。

1

A(1)	
A(2)	
B(あ)	
B(い)	
B(う)	
C(1)	
C(2)	
D(1)	
D(2)	

2

①	
②	
③	
④	
⑤	

問題は，次のページから始まります。

※教英出版注
音声は，解答集の書籍ＩＤ番号を
教英出版ウェブサイトで入力して
聴くことができます。

1　この問題は聞き取り検査です。**問題Ａ～問題Ｄ**に答えなさい。すべての問題で英語は２回ずつ読まれます。途中でメモをとってもかまいません。

問題Ａ　(1)，(2)のそれぞれの英文で説明されている内容として最も適当なのは，**ア～エ**のうちではどれですか。一つ答えなさい。

(1)

ア

John

イ

John

ウ

John

エ

John

(2)

ア

イ

ウ

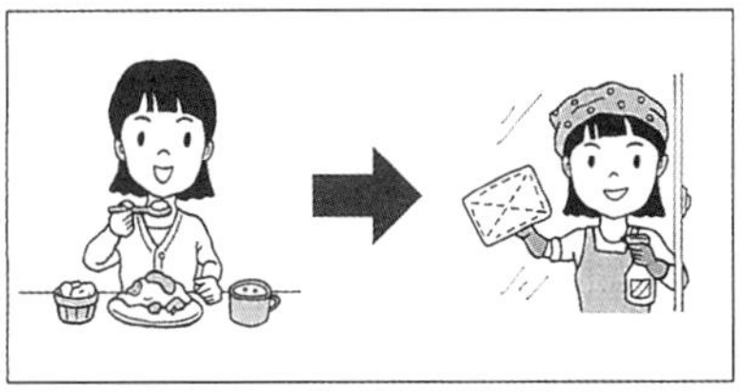

エ

問題B　留学中のHajimeは，外出しているホストファミリーのMaryからの電話を家で受けています。その電話を聞いてHajimeが必要な内容をまとめたメモの［ (あ) ］～［ (う) ］にそれぞれ適当な英語1語を入れなさい。

［Hajimeのメモ］

Mary	needs her ［ (あ) ］ for her lesson.
	will take the ［ (い) ］ at ［ (う) ］.

［Hajime］

問題C　(1)，(2)のそれぞれの会話についての質問の答えとして最も適当なのは，ア～エのうちではどれですか。一つ答えなさい。

(1)
- ア　To choose a photo.
- イ　To decide the date.
- ウ　To send a letter.
- エ　To take a photo.

(2)
- ア　He went to his uncle's house yesterday.
- イ　He didn't have a birthday party for Lina.
- ウ　He can't go shopping with Lina today.
- エ　He will visit his uncle with Lina tomorrow.

問題D　留学生のYukaにRobが学校を紹介しています。Robの説明を聞いて，(1)，(2)に答えなさい。

(1)　Robの説明を聞いたYukaがまとめたメモとして，最も適当なのは，ア～エのうちではどれですか。一つ答えなさい。

ア

授　業：8:30 a.m. ~ 3:30 p.m.
昼　食：持参
服　装：私服
図書館：放課後　利用可

イ

授　業：9:00 a.m. ~ 3:30 p.m.
昼　食：持参
服　装：私服
図書館：放課後　利用不可

ウ

授　業：8:30 a.m. ~ 3:30 p.m.
昼　食：持参
服　装：制服
図書館：放課後　利用不可

エ

授　業：9:00 a.m. ~ 3:30 p.m.
昼　食：持参
服　装：制服
図書館：放課後　利用可

(2)　Robから尋ねられた内容に対して，どのように答えますか。あなたがYukaになったつもりで，書き出しに続けて，［　　　］に8語以上の英語を書き，英文を完成させなさい。ただし，2文以上になってもかまいません。

Well, I ［　　　］.

2　留学生の Ann と高校生の Haru が，ある商店街（shopping street）にあるシェアスペース（‘share space’）についてのウェブサイトを見ながら会話をしています。次の英文は，そのシェアスペースで行われる催し物の８月のスケジュール（schedule）と２人の会話です。①～⑤に答えなさい。

８月のスケジュール

Events in August at our ‘share space’

Event	Things to do	＊	Date	Time
1	Make a shopping bag out of used kimonos.	10	8/7	2:00 p.m. ～ 3:30 p.m.
2	Bake bread for the next morning.	15	8/13	1:30 p.m. ～ 3:00 p.m.
		15	8/14	1:30 p.m. ～ 3:00 p.m.
3	See Kita High School Band’s performance.	—	8/20	11:00 a.m. ～ 11:30 a.m.
4	Make *dango*. You can also buy *dango*.	20	8/28	10:00 a.m. ～ 11:30 a.m.

＊: The number of people who can join each event

About booking

Event 1, 2, 4 : Booking is necessary.

Event 3 : You do not need a ticket for their [(あ)]. You can come and leave when you like to do so.

For more information, please click on Event 1～4.

Ann　: Haru, what are you looking at ? ‘Share space’ ? What is that ?

Haru : It’s a place. People can use it for several days. At this ‘share space’ along the shopping street in our city, one event is held every weekend. Here’s the schedule for August. Let’s join one before you go back to America. Which event looks interesting, Ann ?

Ann　: I like cooking, so this event looks nice.

Haru : Wait, Ann. You can’t join this. You’re going to leave Japan on Thursday, August 25, but it is held on [(い)], August 28. Instead, how about this ? We can make the next day’s breakfast.

Ann　: Nice. We can also choose which day will be good for us. Look, Haru. I like music, so this also looks interesting.

Haru : Yes. Ann, here’s another one. In this event, you can make something Japanese. It won’t go bad, and it will be a nice gift for your family.

Ann　: Great. My family will be happy to receive it. Haru, let’s go to this event together. Do you have any [(う)] time in the afternoon on this day ?

Haru : Yes. I’m [(う)] on that day. I’ll go with you. I can’t wait.

〔注〕

make ～ out of …　～を…から作る
bake bread　パンを焼く
booking　予約
click on ～　～をクリックする
held　*hold* ～(～を催す)の過去分詞形
kimono　着物
dango　だんご
information　情報
along ～　～に沿って
go bad　腐る

①　8月のスケジュールとして，［　(あ)　］に入れるのに最も適当なのは，ア～エのうちではどれですか。一つ答えなさい。

ア　bus　　イ　concert　　ウ　garden　　エ　zoo

②　［　(い)　］に入れるのに最も適当な曜日を英語1語で書きなさい。

③　［　(う)　］に共通して入れるのに適当な英語1語を書きなさい。

④　Ann と Haru が一緒に行くことにしたものとして最も適当なのは，ア～エのうちではどれですか。一つ答えなさい。

ア　Event 1　　イ　Event 2　　ウ　Event 3　　エ　Event 4

⑤　8月のスケジュールと会話から読み取れる内容として最も適当なのは，ア～エのうちではどれですか。一つ答えなさい。

ア　Event 2 accepts 30 people each day.
イ　Event 4 has the shortest opening hours of the four events.
ウ　There are two events in the morning in August at this 'share space.'
エ　Ann and Haru will leave Japan on August 25.

3 中学生のEmiは，あるレストランの前で見かけた看板に書かれていた内容を留学生のJimに紹介するための英文をノートに書いています。Emiが考えている内容を参考にしながら，書き出しに続けて， ① に２語の， ② に４語以上の英語を書き，Emiのノートを完成させなさい。

看板

問題C　次の会話と質問が２回読まれるのを聞いて，問題用紙の指示に従って答える。

(1)

A : Eric, which photo should I send to join the contest ?

B : All the photos are nice, Meg. You can choose the best one.

A : Really ? But I want your advice.

B : It is difficult to decide, but I will try.

Question : What is Meg asking Eric to do now ?

(2)

A : Ken, I want to buy a birthday gift for Jack. Can you come with me now ?

B : I wish I could go shopping with you, Lina.

A : Oh, are you busy today ?

B : My uncle is going to visit me today. How about tomorrow ?

Question : What does Ken mean ?

問題D　次の英文が２回読まれるのを聞いて，問題用紙の指示に従って答える。

Nice to meet you, Yuka. I'm Rob. I will tell you about our school. We have classes from 9:00 a.m. to 3:30 p.m. You have to bring lunch. At school, we wear a school uniform like students in Japan. After school, some students study in the school library. Oh, the library closes at 5 p.m. Other students enjoy playing sports. Actually, I often play sports with my classmates. Yuka, do you like sports ? Please tell me more.

令和４年度学力検査［第Ⅰ期］

理　　科　（45分）

受検上の注意

1　「始めなさい。」の指示があるまで，問題を見てはいけません。

2　解答用紙は，この表紙の裏面です。

3　指示があったら，解答用紙と問題用紙を全部調べなさい。
問題用紙は１ページから 11 ページにわたって印刷してあります。もし，ページが足りなかったり，やぶれていたり，印刷のわるいところがあったりした場合は，手をあげて監督の先生に言いなさい。そのあと，指示に従って解答用紙に受検番号，志願校名を書き入れてから始めなさい。

4　解答用紙の定められたところに，記号，数，式，ことば，文章などを書き入れて答えるようになっていますから，よく注意して，答えを書くところや書き方をまちがえないようにしなさい。

5　答えが解答欄の外にはみ出したり，アかイかよくわからない記号を書いたりすると，誤答として採点されることがあります。

6　解答用紙に印刷してある □ や ※ には，なにも書いてはいけません。

7　メモなどには，問題用紙の余白を利用しなさい。

8　「やめなさい。」の指示があったら，すぐに書くのをやめ，解答用紙を机の上に広げて置きなさい。問題用紙は持ち帰りなさい。

9　解答用紙は，検査室からいっさい持ち出してはいけません。

受検番号	(算用数字)	志願校	

解答

1

①	(あ)　　　　　(い)
②	
③	
④	
⑤	
⑥	(秒)
⑦(1)	
⑦(2)	

2

①	の法則
②	(N)
③	
④	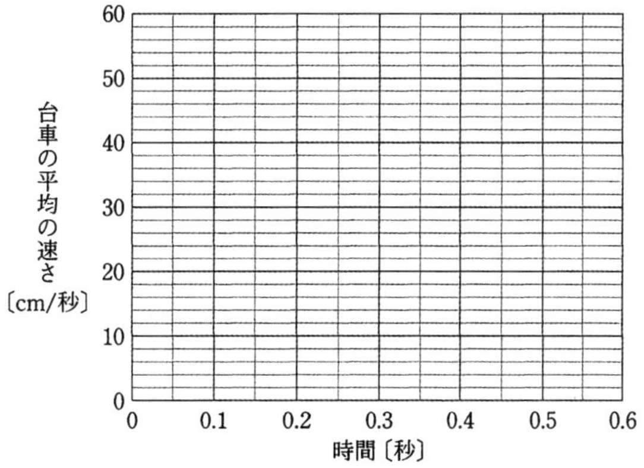
⑤	(J)
⑥	

3

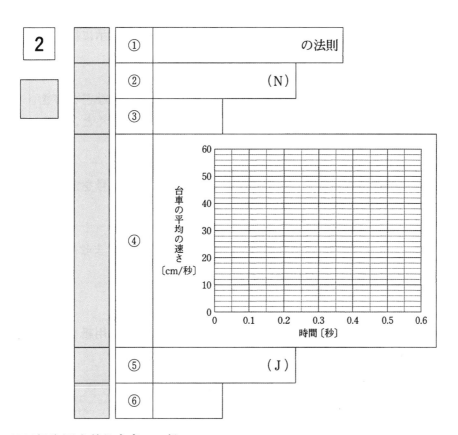

問題は，次のページから始まります。

1 次の ① ～ ⑦ に答えなさい。

① 電池について説明した，次の文の［ (あ) ］と［ (い) ］に当てはまる適当な語を書きなさい。

> アルカリ乾電池などの電池は，化学変化を利用して，物質がもつ［ (あ) ］エネルギーを［ (い) ］エネルギーに変換する装置である。

② 燃料電池において，水素と酸素が反応して水ができるときの化学変化を化学反応式で表しなさい。

③ ヒトにおいて，刺激に対して無意識に起こる反射の例として最も適当なのは，**ア**～**エ**のうちではどれですか。一つ答えなさい。

ア 後ろから名前を呼ばれて返事をする。

イ 暗いところから明るいところへ行くとひとみが小さくなる。

ウ 飛んできたボールを手で受け止める。

エ スマートフォンの着信音を聞いてメールを確認する。

④ クジラのひれ，ヒトのうで，コウモリの翼の骨格を比べてみると，基本的なつくりに共通点が見られます。このように，現在のはたらきや形は異なっていても，基本的なつくりが同じで，起源が同じであったと考えられる器官を何といいますか。

⑤ 図のように，コイルと検流計をつなぎ，固定したコイルに棒磁石のＮ極を近づけると，検流計の針が右に振れました。コイルと検流計のつなぎ方は変えずに，棒磁石やコイルを動かしたとき，検流計の針が右に振れるのは，**ア**～**エ**のうちではどれですか。一つ答えなさい。

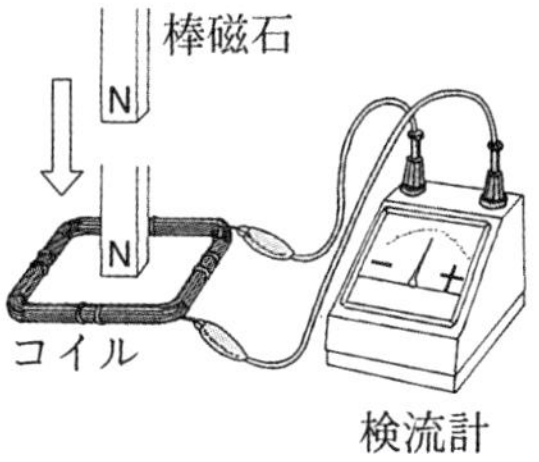

図

ア

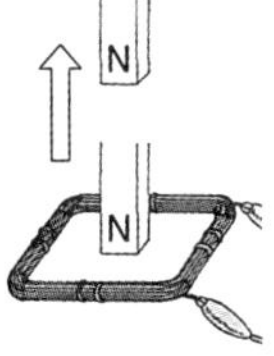

固定したコイルから，棒磁石のＮ極を遠ざける。

イ

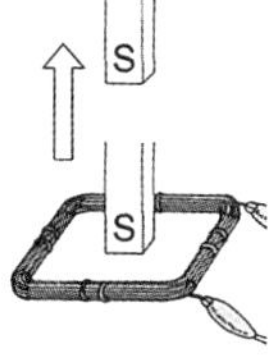

固定したコイルから，棒磁石のＳ極を遠ざける。

ウ

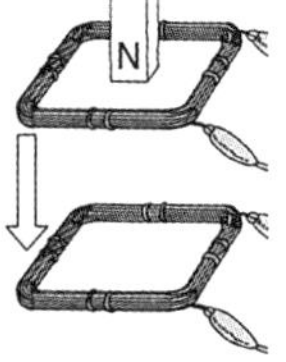

固定した棒磁石のＮ極から，コイルを遠ざける。

エ

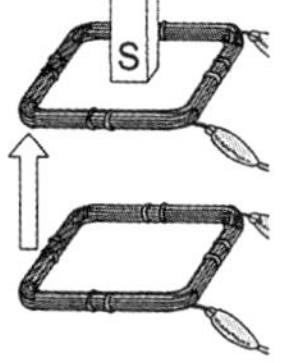

固定した棒磁石のＳ極に，コイルを近づける。

⑥　消費電力が 500 W の電子レンジで加熱調理を 60 秒間行うときに消費する電力量は，消費電力が 1500 W の電子レンジで加熱調理を何秒間行うときに消費する電力量と等しいですか。時間〔秒〕を答えなさい。

⑦　表は，南に海が広がる海岸沿いのある地点における気象の観測データです。(1)，(2)に答えなさい。

表

時刻	3時	6時	9時	12時	15時	18時	21時	24時
気温〔℃〕	15.3	14.7	22.2	24.9	26.3	24.3	19.2	17.7
天気	晴れ	晴れ	晴れ	晴れ	晴れ	晴れ	晴れ	晴れ
風向	北北東	北北西	東北東	南	南西	南南東	北東	北
風力	1	1	2	2	2	1	1	1

(1)　表の 15 時の天気，風向，風力を表した記号として適当なのは，**ア**～**エ**のうちではどれですか。一つ答えなさい。

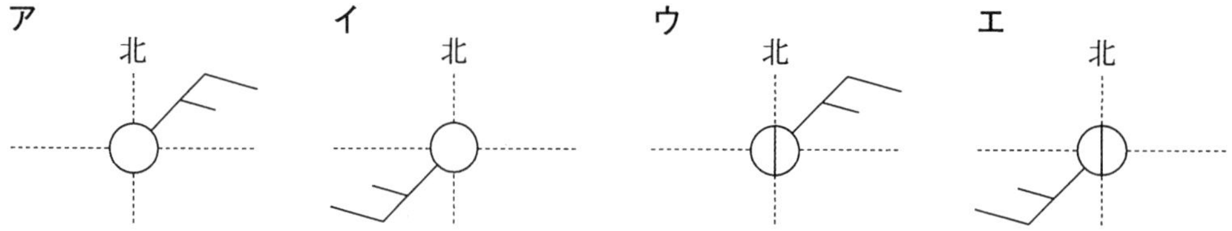

(2)　表の観測データから，この地点では日中と夜間で海風と陸風が入れかわる現象が確認できました。日中に海側から陸地側へ海風がふく理由を説明した，次の文章の (a) ～ (c) に入ることばの組み合わせとして最も適当なのは，**ア**～**エ**のうちではどれですか。一つ答えなさい。

海の水は，陸地の岩石に比べて， (a) 性質がある。日中に太陽光が当たると海上よりも陸上の気温の方が (b) なり，陸地付近の大気が (c) するため，海側から陸地側へ風がふく。

	(a)	(b)	(c)
ア	あたたまりやすく冷えやすい	低く	上昇
イ	あたたまりやすく冷えやすい	低く	下降
ウ	あたたまりにくく冷えにくい	高く	上昇
エ	あたたまりにくく冷えにくい	高く	下降

2　台車にはたらく力と速さの関係を調べる実験と考察を行いました。①～⑥に答えなさい。ただし，摩擦や空気の抵抗，記録テープの重さは考えないものとします。

【実験】

〈1〉　水平な机に台車を置き，記録タイマー（1秒間に60回打点するもの）に通した記録テープを台車にとりつける。

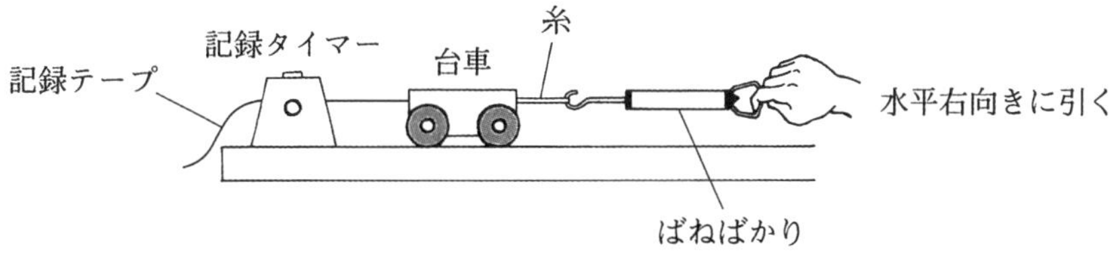

図1

〈2〉　図1のように台車を引くために糸の先に(a)ばねばかりをとりつけ，台車を引く力を常に1.2 Nで一定になるようにして水平右向きに引く。

〈3〉　約1.0秒後に台車を引くのをやめる。

【結果】

一定の力を加えて台車を引いている間に記録された記録テープを0.1秒ごとに区切って各区間の長さを計測し，平均の速さを計算したところ，表のようになった。

表

区間	Ⅰ	Ⅱ	Ⅲ	Ⅳ	Ⅴ
時間〔秒〕	0～0.1	0.1～0.2	0.2～0.3	0.3～0.4	0.4～0.5
テープの長さ〔cm〕	0.6	1.8	3.0	4.2	5.4
平均の速さ〔cm/秒〕	6.0	18	30	42	54

台車を引くのをやめた後の記録テープの打点の間隔は均等であった。

【考察】

台車に常に一定の力を加えて引いている間は，台車の速さが一定の割合で増加していることがわかる。

また，(b)台車を引くのをやめた後は，台車の速さは変化していないことがわかる。

① 下線部(a)について，ばねを引く力の大きさとばねの伸びは比例の関係にあります。この法則を何といいますか。

② 図２は，実験に使用したばねばかりの，ばねを引く力の大きさとばねの伸びの関係を表しています。このばねの伸びが 1.0 cm のとき，ばねを引く力の大きさは何Nですか。

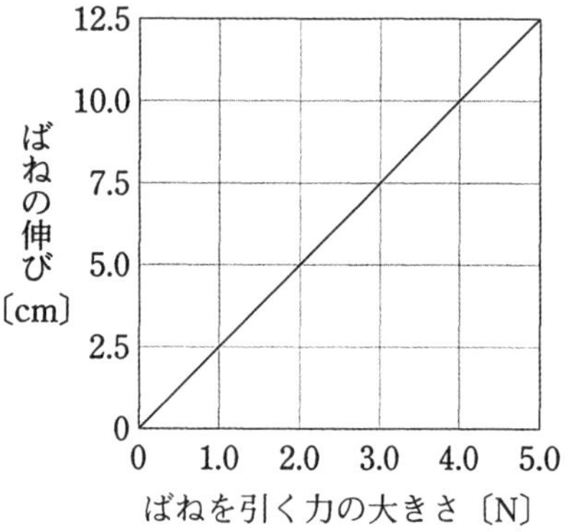

図２

③ 図３は，記録テープと打点のようすを模式的に表しています。0.1 秒ごとにテープを区切る位置として最も適当なのは，図３の **A**～**G** のうちではどれですか。一つ答えなさい。

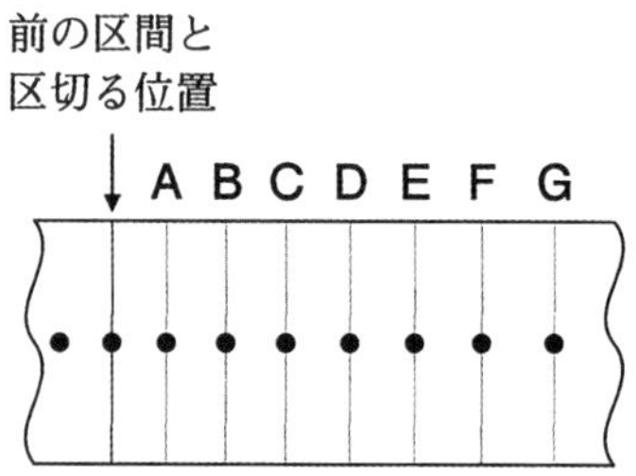

図３

④ 表をもとに，力を加えて台車を引いているときの，時間と台車の平均の速さとの関係を表したグラフをかきなさい。

⑤ 表のⅠ～Ⅴの区間（0～0.5 秒の間）において，台車を引く力が台車にした仕事は何Ｊですか。

⑥ 下線部(b)について，台車を引くのをやめた後の台車にはたらいている力をすべて表したものとして最も適当なのは，**ア**～**エ**のうちではどれですか。一つ答えなさい。ただし，このときの台車は図４のように模式的に表しています。また，台車にはたらく力は矢印で示しており，一直線上にある力については，見やすさを考えて力の矢印をずらしています。

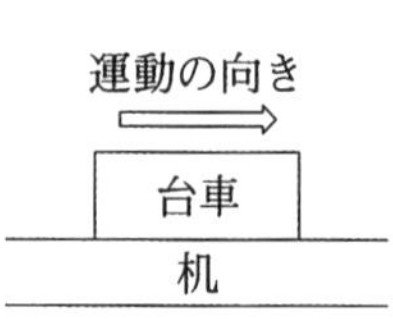

図４

ア

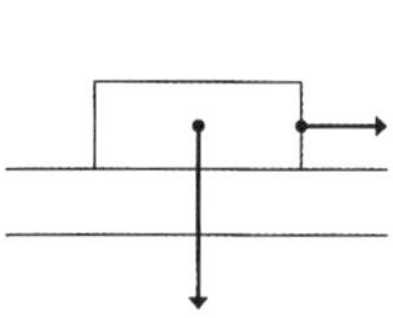

イ

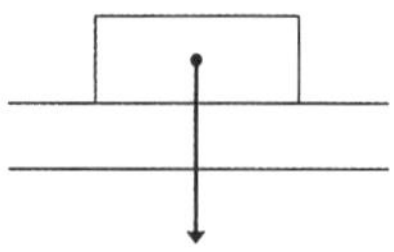

ウ

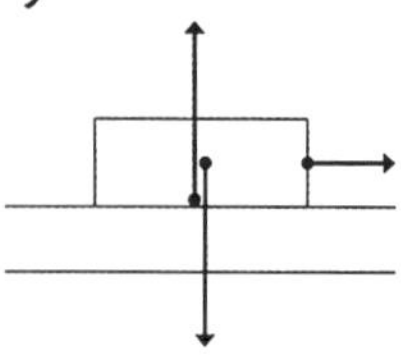

エ

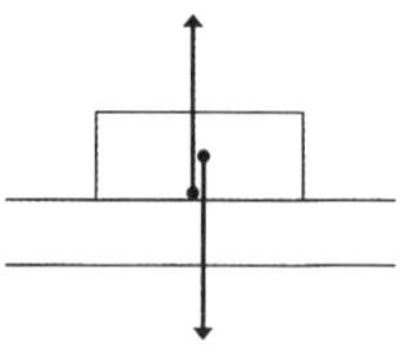

3　香奈さんは，授業の中で，性質をもとに物質の種類を調べる実験を行いました。次は，そのときの先生との会話と実験です。①～⑥に答えなさい。

〈会話〉

先生：４種類の白い粉末状の物質Ａ～Ｄを用意しました。物質Ａ～Ｄはデンプン，食塩（塩化ナトリウム），砂糖（ショ糖），重曹（炭酸水素ナトリウム）のいずれかです。そのうち，物質Ａ，Ｂ，Ｃの３種類を実験で調べてみましょう。

香奈：物質Ｄは調べなくても良いのですか。

先生：物質Ｄは，実験の結果から判断できるか考えてみましょう。

【実験１】　物質Ａ，Ｂ，Ｃを少量ずつ燃焼さじに取り，(あ)ガスバーナーで加熱し，加熱した後のようすを観察する。

【実験２】　物質Ａ，Ｂ，Ｃを4.0ｇずつはかりとり，水50ｇに加えて溶かす。

【実験３】　物質Ａ，Ｂ，Ｃを少量ずつペトリ皿に取り，ヨウ素液を加えて色の変化を見る。

【結果】

実験	物質Ａ	物質Ｂ	物質Ｃ
1	炭になった	炭になった	白い物質が残った
2	ほとんど溶けなかった	すべて溶けた	すべて溶けた
3	青紫色に変化した	変化しなかった	変化しなかった

先生：実験の結果から，それぞれの物質は何かわかりますか。

香奈：(い)実験から物質ＡとＢは判断できますね。でも，物質Ｃが何かはわかりません。

先生：では，どんな性質に注目すると，物質ＣとＤが何か判断できるでしょうか。

香奈：物質ＣとＤは，両方とも水に溶かしたときに電流が流れる【　　　　】とよばれる物質であると考えられるので，水溶液に電流を流す実験では判断できないと思います。水溶液のpHに注目すれば，判断できるのではないでしょうか。

先生：そうですね。水溶液のpHを調べる以外に，何か方法はありませんか。

香奈：その物質を加熱してできる物質に注目して調べればいいと思います。

先生：では，(う)物質ＣとＤそれぞれの水溶液のpHを調べる実験と，物質ＣとＤそれぞれを加熱してできる物質を調べる実験を行ってみましょう。

令和４年度学力検査［第Ⅰ期］

社　　会　（45分）

受検上の注意

1　「始めなさい。」の指示があるまで，問題を見てはいけません。

2　解答用紙は，この表紙の裏面です。

3　指示があったら，解答用紙と問題用紙を全部調べなさい。
問題用紙は１ページから11ページにわたって印刷してあります。もし，ページが足りなかったり，やぶれていたり，印刷のわるいところがあったりした場合は，手をあげて監督の先生に言いなさい。そのあと，指示に従って解答用紙に受検番号，志願校名を書き入れてから始めなさい。

4　解答用紙の定められたところに，記号，数，式，ことば，文章などを書き入れて答えるようになっていますから，よく注意して，答えを書くところや書き方をまちがえないようにしなさい。

5　答えが解答欄の外にはみ出したり，アかイかよくわからない記号を書いたりすると，誤答として採点されることがあります。

6　解答用紙に印刷してある□や※□には，なにも書いてはいけません。

7　メモなどには，問題用紙の余白を利用しなさい。

8　「やめなさい。」の指示があったら，すぐに書くのをやめ，解答用紙を机の上に広げて置きなさい。問題用紙は持ち帰りなさい。

9　解答用紙は，検査室からいっさい持ち出してはいけません。

受検番号	(算用数字)	志願校	

解　答

1

①	
②	
③	
④	
⑤(1)	
⑤(2)	→　→

2

①	山脈
②	
③	
④(1)	
④(2)	選択
	理由 フィリピンは,

3

①	
②	
③	
④	
⑤	→　→　→
⑥	

問題は，次のページから始まります。

1　光司さんと悠里さんは，「各時代の代表的な建築物」に着目して近世までの歴史的分野の学習をふり返り，次の表を作成しました。①～⑤に答えなさい。

表

建築物	説明
法隆寺	聖徳太子《しょうとくたいし》の建立《こんりゅう》とされる。6世紀に仏教が伝えられたことで，それまでつくられていた X に代えて寺院を建立する豪族もあった。
平等院鳳凰《ほうおう》堂	摂政《せっしょう》の後，関白となった藤原頼通《ふじわらのよりみち》が建立した阿弥陀《あみだ》堂。このころ， Y の広まりにより，各地に阿弥陀堂がつくられた。
金閣	足利義満《あしかがよしみつ》が建立した。3層構造で，層によって建築の様式が異なっており，貴族と武士の文化が混じり合う特色がみられる。
安土《あづち》城	(a)織田信長《おだのぶなが》が築き，拠点とした。雄大な天守（天守閣）をそなえており，内部は Z らによる障壁画（ふすま絵など）でかざられた。
姫路城	3重の堀があるなど，簡単に攻められないように複雑な構造をもっている。(b)江戸時代の間には，何度か城主の交代があった。

① X に当てはまる，土を盛り上げてつくった有力者の墓の総称を何といいますか。

② Y ， Z に当てはまることばの組み合わせとして最も適当なのは，ア～エのうちではどれですか。一つ答えなさい。

ア　Y：浄土信仰　　Z：葛飾北斎《かつしかほくさい》
イ　Y：浄土信仰　　Z：狩野永徳《かのうえいとく》
ウ　Y：朱子学　　Z：葛飾北斎
エ　Y：朱子学　　Z：狩野永徳

③ 下線部(a)の人物について述べた文として最も適当なのは，ア～エのうちではどれですか。一つ答えなさい。

ア　物価の急激な上昇をおさえるため，株仲間を解散させた。
イ　国ごとに守護を，荘園《しょうえん》や公領ごとに地頭を置くことを朝廷に認めさせた。
ウ　ものさしやますなどを統一し，同じ基準による検地を全国で実施した。
エ　自由な交通を可能にするため，征服地の関所の廃止をすすめた。

④　下線部(b)について，光司さんは，江戸時代の建築物について調べる中で，次のような法令の資料を見つけました。資料の□には，城に関わる内容が書かれています。この法令が出された目的にもとづいて，□に当てはまる適当な内容を書きなさい。

資料

一　学問と武道にひたすらはげむようにせよ。
一　□。
一　幕府の許可がなく，かってに結婚してはいけない。
一　大名が自分の領地と江戸とを交代で住むように定める。
一　500石《こく》以上積める船をつくることを禁止する。

（注）1615年，1635年に出された法令の抜粋，要約。

⑤　次は，光司さん，悠里さんと先生との会話です。(1)，(2)に答えなさい。

会話

先生：表をまとめてみて，印象に残ったことや気づいたことがありましたか。
光司：金閣が印象に残りました。足利義満は，□を実現して約60年にわたる内乱（動乱）を終わらせ，朝廷の様々な権限を幕府に吸収したと学習しました。そうした中で建立された金閣は，武家社会がそれまで以上に大きな力をもつようになったことをあらわしているように感じます。
悠里：私は，法隆寺のように，その時代の他国との関係や，他国からもたらされた文化の影響が建築物にもあらわれることに興味をもちました。その視点からもう少し調べてみようと思います。

(1)　□に当てはまる適当な内容を書きなさい。

(2)　会話の後，悠里さんが調べた次の**ア**～**ウ**の内容が，年代の古いものから順に並ぶように記号で答えなさい。

ア　東大寺南大門は，源平《げんぺい》の争乱（内乱）の後，宋《そう》の様式を取り入れて再建された。
イ　首里城は，明《みん》や朝鮮などとの中継貿易で栄えた琉球《りゅうきゅう》王国の王宮とされた。
ウ　大宰府《だざいふ》は，唐《とう》や新羅《しらぎ》との外交や防衛にあたるために九州北部に設置された。

2 次の図1は緯線と経線が直角に交わる地図であり，緯線は赤道から，経線は本初子午線からいずれも40度間隔です。また，図2は面積が正しい地図です。①～④に答えなさい。

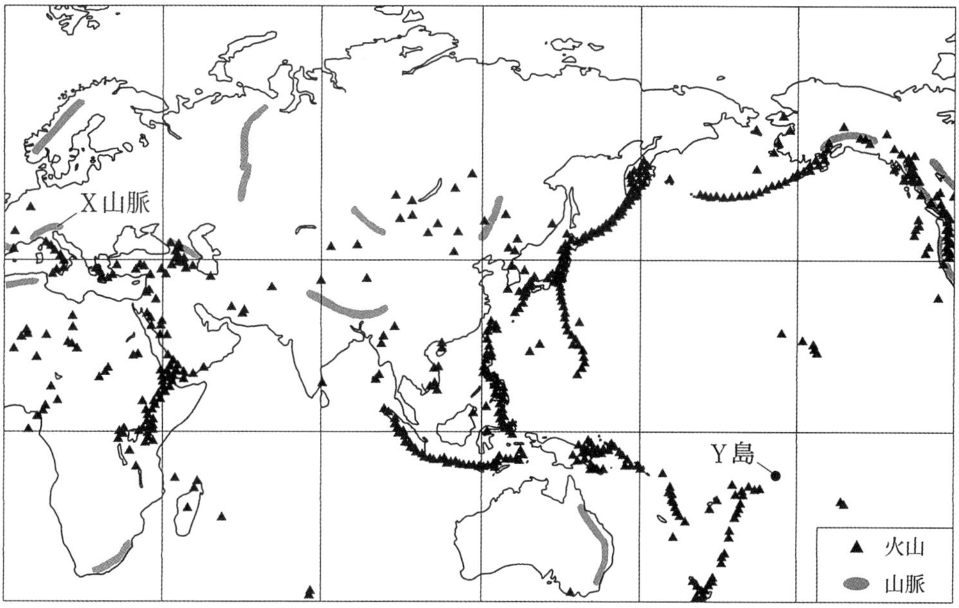

（内閣府Webページなどから作成）

図1

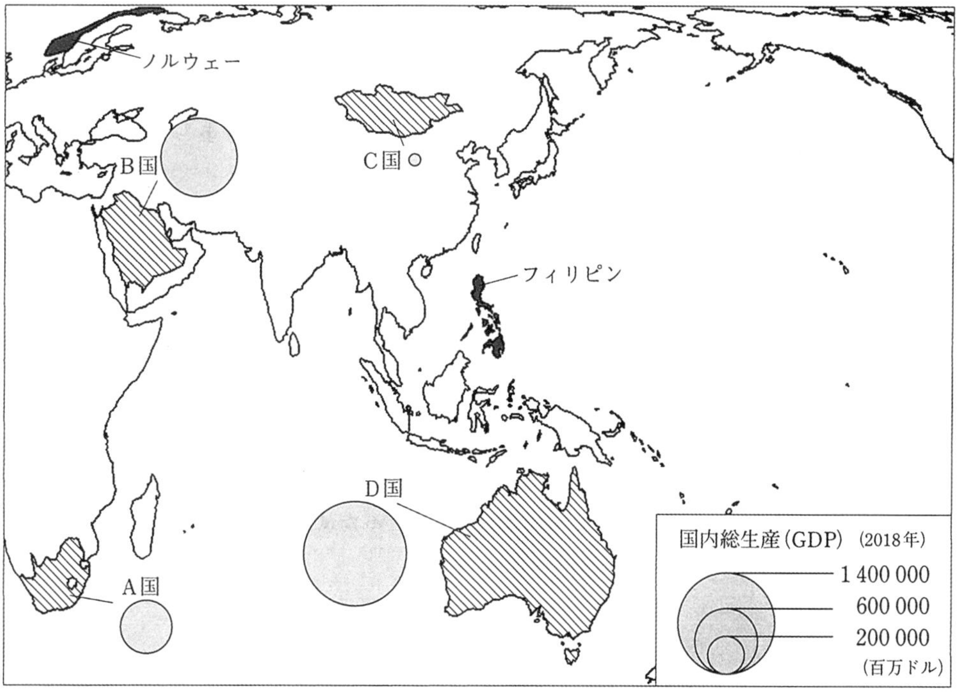

（「世界国勢図会2020/21」から作成）

図2

① 図１は，おもな火山と山脈の位置を表しています。Xの山脈名を書きなさい。

② 右の資料は，図１のＹ島の写真です。Ｙ島の伝統的な料理の説明として最も適当なのは，**ア**～**エ**のうちではどれですか。一つ答えなさい。

資料

ア 乾かしたじゃがいもを水でもどして煮込み，スープにする。
イ タロいもや肉をバナナの葉で包み，蒸し焼きにする。
ウ 野菜やチーズを小麦粉の薄い生地で包み，オーブンで焼く。
エ とうもろこし粉のパンに肉や野菜をのせ，とうがらしのソースをかける。

③ 図２は，Ａ～Ｄの４か国の国内総生産（GDP）を表しており，右の表１は，図２と同じＡ～Ｄの４か国の人口数を示しています。この４か国について述べた文として適当なのは，**ア**～**エ**のうちではどれですか。当てはまるものをすべて答えなさい。

ア Ａ国は，４か国のうちで人口密度が最も高い。
イ Ｂ国は，４か国のうちで一人当たりのGDPが最も高い。
ウ Ｃ国は，東経60度よりも東に位置している。
エ Ｄ国は，大西洋とインド洋に面している。

表１

	人口（千人）
Ａ国	57 398
Ｂ国	33 554
Ｃ国	3 122
Ｄ国	24 772

（注）統計年次は2018年。
（「世界国勢図会2018/19」から作成）

④ 図２のフィリピン，ノルウェーについて，⑴，⑵に答えなさい。

⑴ フィリピンでは，キリスト教を信仰する人が国民の大半を占《し》めています。16世紀にフィリピンを植民地としてキリスト教を布教し，アジアでの貿易の拠点をおいた国は，**ア**～**エ**のうちのどれですか。一つ答えなさい。

ア インド　　**イ** エジプト　　**ウ** スペイン　　**エ** アメリカ合衆国

⑵ 次の表２は，フィリピン，ノルウェー，日本の発電方法別の発電量を示しています。フィリピンが当てはまるのは，表２の**ア**と**イ**のどちらですか。一つ答えなさい。また，そのように判断できる理由を，図１と表２の内容をもとにして，解答欄の書き出しに続けて書きなさい。

表２　発電方法別の１年間の発電量（億kWh）

	火力	水力	風力	太陽光	地熱	原子力
ア	770	94	12	12	104	―
イ	32	1 395	39	0	―	―
日本	8 236	874	65	185	21	621

（注）－は皆無なことを示している。統計年次は2018年。
（「世界国勢図会2021/22」から作成）

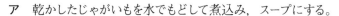

3　夏樹さんは，2025年に大阪で万博が開催予定であることを知って興味を持ち，万博について調べて発表することにしました。次は，夏樹さんが準備した発表用メモと資料です。①～⑥に答えなさい。

発表用メモ

万博と我が国の歴史

○万博（国際博覧会）とは

・広くいろいろな国や人に新しい文化や技術を紹介し，将来の展望を示すことを目的として複数の国が展示を行う博覧会である。

・世界最初の万博は(a)イギリスのロンドンで開催された。その後しばらくは，いち早く近代化を成し遂げた欧米諸国の都市での開催が続いた。

○我が国と万博

・1867年，フランスのパリでの万博に(b)幕府や薩摩《さつま》藩などが出品した。続いてオーストリアのウィーンでの万博に政府が公式参加し，その後も様々な万博に参加した。

・(c)不平等条約の改正や近代化を進めた我が国は，万博の主催を目指したが，国内外の事情により，(d)計画は中止，延期となった。

・初めての主催は，(e)冷戦期の国際関係の中，戦後復興，独立を果たし，高度経済成長期にあった1970年のことである。

資料

年	万博に関するできごと		国内外のできごと（年）
1867	パリ万博に幕府，薩摩藩，佐賀藩が出品		X （1867）
1873	ウィーン万博に明治政府が参加		
			日露戦争（1904～05）
1912	万博主催の計画（中止となる）	↑	
		Y	第一次世界大戦（1914～18）
			日中戦争（1937～45）
1940	万博主催の計画（延期となる）	↓	
			太平洋戦争（1941～45）
			サンフランシスコ平和条約（1951）
1970	大阪で「日本万国博覧会」を主催		

①　下線部(a)の国について述べた文として適当なのは，**ア**～**エ**のうちではどれですか。当てはまるものをすべて答えなさい。

ア　奴隷《どれい》の制度などをめぐって南北戦争がおこり，北部が勝利した。

イ　国王を追放し，新たな王を迎える名誉革命が成功した。

ウ　革命の中でナポレオンが権力を握り，皇帝となった。

エ　世界で最初に産業革命が始まった。

②　下線部(b)に関して，資料の X に当てはまる，将軍であった徳川慶喜《とくがわよしのぶ》が朝廷に政権を返上したできごとを何といいますか。

③　下線部(c)について述べた次の文章の［　　　　］に当てはまることばを書きなさい。

　ロシアを警戒するイギリスが交渉に応じ，日本は1894年に［　　　　］の撤廃に成功しました。その後，他の欧米諸国とも同様の条約改正が実現し，日本で罪を犯した外国人は日本の法にもとづいて裁かれるようになりました。

④　下線部(d)に関して，資料のＹの期間のできごととして適当でないのは，**ア**～**エ**のうちではどれですか。一つ答えなさい。

ア　二・二六事件　　**イ**　護憲運動　　**ウ**　ワシントン会議　　**エ**　財閥解体

⑤　下線部(e)に関して述べた**ア**～**エ**を，年代の古いものから順に並ぶように記号で答えなさい。

ア　日ソ共同宣言に調印した後，日本は国際連合に加盟した。
イ　朝鮮戦争の影響で，日本の経済は好景気となった。
ウ　東西ドイツの統一を受け，ドイツにある日本大使館も統合された。
エ　日中共同声明に調印し，日本と中国との国交は正常化した。

⑥　夏樹さんは，図を用いて次のようにまとめを作成しました。図は，日本の製造業の生産量と生産にともなうエネルギーの消費量の推移を，1973年を100とする指数で表しています。［　　　　　　　　］に当てはまる適当な内容を，図から読み取れる変化に着目し，1973年に発生したできごとにふれながら書きなさい。

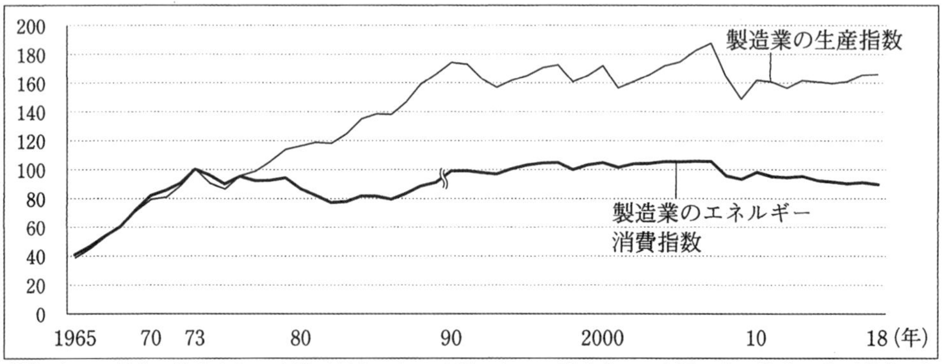

（注）≈は，前後で統計をとる方法が異なるため連続しない。製造業は，金属工業，化学工業，機械工業など，製品の製造を行う事業。エネルギーは，石油，石炭，電力など。
（経済産業省 資源エネルギー庁「令和元年度エネルギーに関する年次報告」から作成）

図

　我が国は，念願であった万博の主催により，経済発展の様子を世界に発信したのだと感じました。その後，図からわかるように，世界の経済が大きな打撃を受けた，1973年の［　　　　　　　　］ことなどによって乗りきり，経済大国へと成長しました。次の大阪・関西万博では，どのようなことが発信されるのか楽しみです。

4　優希さんは，ケーキを作るための材料を買いにスーパーマーケットへ行きましたが，イチゴが手に入りませんでした。優希さんは，なぜ売り場にイチゴがないのかと疑問を感じ，イチゴについて調べ，資料を作成しました。①～④に答えなさい。

資料１　**全国のイチゴの産出額とその上位５県**

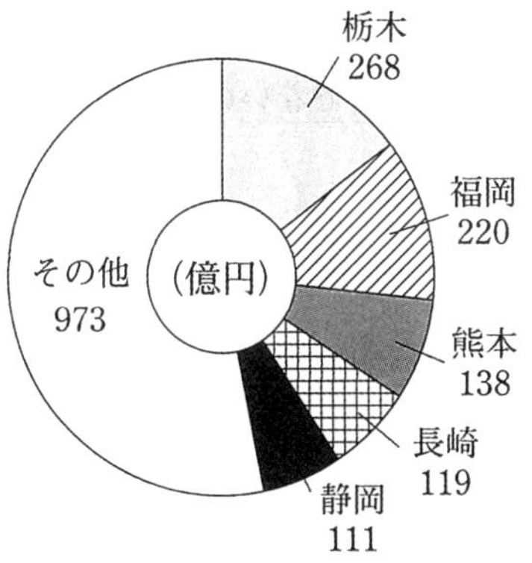

資料２　**県別のイチゴの作付面積と収穫量**

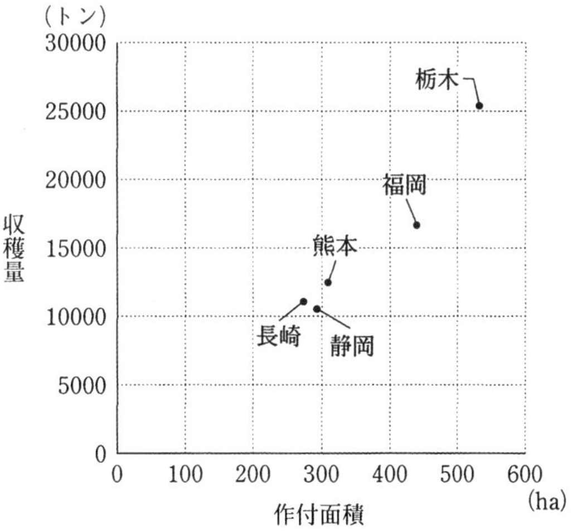

(注) 統計年次は資料１，資料２ともに2019年。

(資料１，資料２ともに農林水産省統計から作成)

①　資料１，資料２から読み取れる内容として適当なのは，**ア**～**エ**のうちではどれですか。一つ答えなさい。

ア　イチゴの産出額は，上位５県で全国の半分以上を占めている。
イ　イチゴの産出額の上位５県の順番は，作付面積の大きい順と同じである。
ウ　イチゴの産出額の上位５県の順番は，収穫量の多い順と同じである。
エ　作付面積１ha当たりのイチゴの収穫量は，資料の５県のうちで福岡県が最も多い。

②　優希さんは，資料１の上位５県の産業について調べ，表にまとめました。次の資料３はその一部です。静岡県が当てはまるのは，**ア**～**エ**のうちのどれですか。一つ答えなさい。

資料３

県	農業産出額（億円）				製造品出荷額等（億円）	貨物輸送量			
		米	野菜	畜産		鉄道（万トン）	自動車（万トン）	海上（万トン）	航空（トン）
ア	1 979	198	607	461	172 749	73	12 828	844	372
イ	3 364	368	1 220	1 148	28 706	24	5 907	745	9 821
福岡	2 027	376	702	389	99 760	122	19 409	5 288	107 150
ウ	1 513	116	453	558	17 385	3	3 338	312	9 341
エ	2 859	671	784	1 156	90 110	52	8 963	－	－

(注) －は皆無なことを示している。統計年次は2019年。

(「データでみる県勢2022」から作成)

③　優希さんは，栃木県でのイチゴの栽培について，資料4を用いて次のようにまとめました。(1)，(2)に答えなさい。

資料4の矢印は[X]の風向きを表しています。栃木県は，この風と県北西部の山地の影響で[Y]に晴れる日が多く，日照時間が長くなります。また，日本最大の流域面積を持つ[Z]の支流である渡良瀬《わたらせ》川や鬼怒《きぬ》川など，県内に複数の大きな河川があり，水資源が豊富です。このような自然環境を生かしたイチゴの栽培が行われています。

資料4

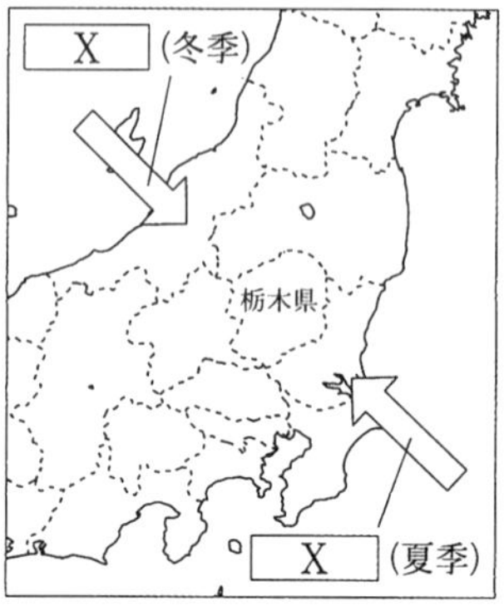

(1)　[X]に当てはまる風の名称を書きなさい。

(2)　[Y]，[Z]に当てはまることばの組み合わせとして最も適当なのは，**ア～エ**のうちではどれですか。一つ答えなさい。

ア　[Y]：夏　[Z]：利根《とね》川　　**イ**　[Y]：夏　[Z]：信濃《しなの》川

ウ　[Y]：冬　[Z]：利根川　　**エ**　[Y]：冬　[Z]：信濃川

④　優希さんは，資料5，資料6を見つけ，次のようにまとめました。資料5はイチゴの品種の説明であり，資料6は全国の卸売市場でのイチゴの月別取扱量とその1kg当たりの平均価格を示したグラフです。[　　　　　　]に当てはまる適当な内容を書きなさい。

資料5

品種名 夏のしずく 収穫時期 6月から11月 栽培に適した場所 寒冷地や高冷地

(農業・食品産業技術総合研究機構Webページから作成)

資料6　全国主要都市卸売市場のイチゴの月別取扱量と平均価格

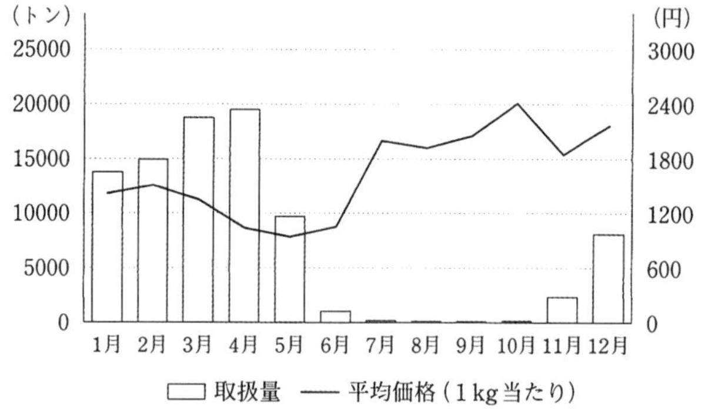

(注) 統計年次は2019年。

(農林水産省「青果物卸売市場調査報告」から作成)

資料5の「夏のしずく」は，2021年に新たに育成されたイチゴの品種です。資料6から，この「夏のしずく」は，[　　　　　　]ことをねらいとして開発されたと考えられます。このような品種の栽培が盛んになれば，イチゴ農家の収益が上がるとともに，売り場からイチゴがなくなることは減るかもしれません。

5　真紀さんのクラスでは，「公正な社会に向けて」というテーマで調べ，発表する学習を行いました。次の図は，学習のはじめにテーマからイメージしたことをまとめたものであり，各班はこの図の中から調べる内容を決めました。①～⑤に答えなさい。

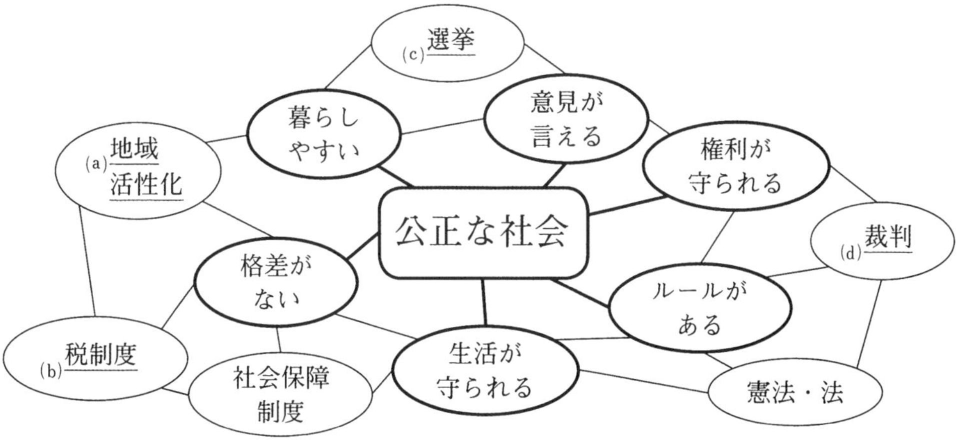

図

① 下線部(a)について，１班が発表を行いました。(1)，(2)に答えなさい。

(1) 次の資料１は，１班が作成した，自分たちが暮らすＡ県と近隣のＢ県の歳入を示したグラフです。資料１について説明した次のＸとＹの文について，内容の正誤を表したものとして最も適当なのは，ア～エのうちではどれですか。一つ答えなさい。ただし，資料１の「その他」は依存財源に含めないものとします。

資料１

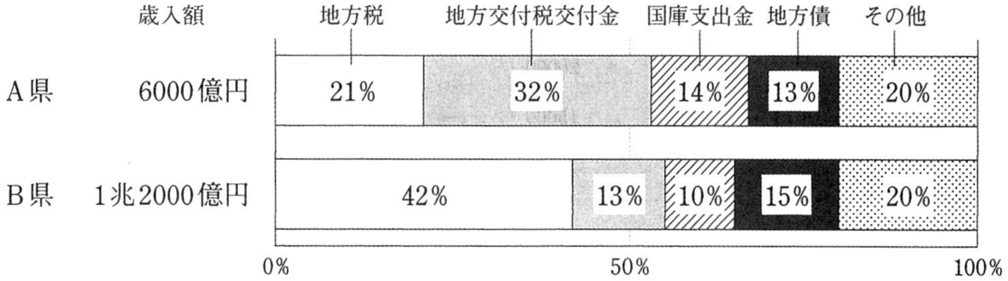

Ｘ　歳入に占める依存財源の割合は，Ａ県の方がＢ県よりも高い。

Ｙ　地方公共団体間の財政の格差を減らすために国から配分された資金の額は，Ａ県の方がＢ県よりも多い。

ア　Ｘ，Ｙのどちらも正しい。　　**イ**　Ｘのみ正しい。

ウ　Ｙのみ正しい。　　**エ**　Ｘ，Ｙのどちらも誤っている。

(2)　１班は，発表の中で，日本における地方自治について説明しました。内容が誤っているのは，ア～エのうちではどれですか。一つ答えなさい。

ア　住民の直接選挙で地方議会の議員が選ばれ，地方議会で首長が選出される。
イ　住民には，直接民主制の考え方が取り入れられた直接請求権が認められている。
ウ　住民は，必要数の有権者の署名を集めることで首長の解職を請求できる。
エ　住民は，必要数の有権者の署名を集めることで条例の制定を請求できる。

②　下線部(b)について調べた２班は，日本の所得税における課税対象の所得と税率の区分を示した表を用いて，次のように発表しました。表の［　X　］に当てはまるのは，アとイのどちらですか。一つ答えなさい。また，文章の［　Y　］に当てはまる適当な内容を，課税の仕組みの名称を含めて書きなさい。

表

課税対象の所得	税率
4,000万円超	
1,800万円超 ～ 4,000万円以下	
900万円超 ～ 1,800万円以下	
695万円超 ～ 900万円以下	X
330万円超 ～ 695万円以下	
195万円超 ～ 330万円以下	
195万円以下	

ア	イ
5%	45%
10%	40%
20%	33%
23%	23%
33%	20%
40%	10%
45%	5%

消費税は，すべての人が同じ税率で税を負担することから，逆進性があるとの指摘があります。一方で，所得税は，表のように［　Y　］しています。こうした性格の異なる税を組み合わせ，公正な税の負担を目指しているのだと考えました。

③　下線部(c)について調べた３班は，選挙の原則について，資料を用いて次のように説明しました。［　　］に当てはまることばを書きなさい。

公正な選挙のため，日本国憲法で定められた選挙の原則の一つに，［　　］選挙があります。この原則により，現在の国会議員の選挙などでは，資料２のような，投票者の氏名を書く欄のない投票用紙を用います。

資料２

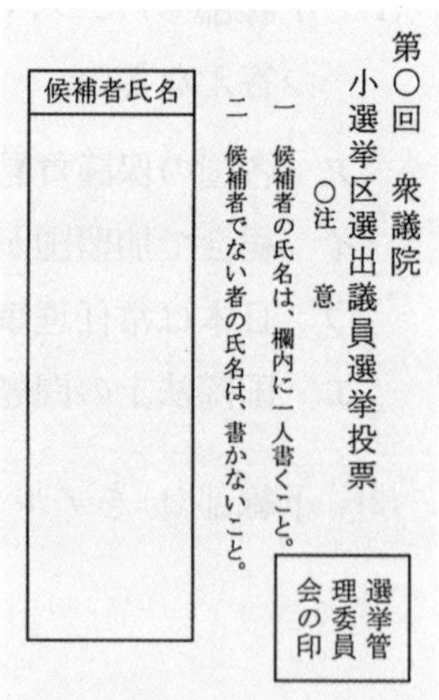
第〇回　衆議院
小選挙区選出議員選挙投票
〇注　意
一　候補者の氏名は、欄内に一人書くこと。
二　候補者でない者の氏名は、書かないこと。
選挙管理委員会の印
候補者氏名

④　下線部(d)について，４班が発表を行いました。(1)，(2)に答えなさい。

(1)　発表では，日本の司法の制度について説明しました。内容が誤っているのは，**ア**～**エ**のうちではどれですか。一つ答えなさい。

ア　間違った判決を防ぎ，人権を守るための仕組みとして，一つの内容について３回まで裁判を受けられる制度がある。

イ　一部の裁判員の判断が判決に大きな影響を与えることもあるため，殺人などの重大事件は裁判員裁判の対象から除かれる。

ウ　公正な裁判の実施のために，裁判所は国会や内閣からの干渉を受けないという原則がある。

エ　裁判を国民にとってより身近で利用しやすくするため，司法制度改革が進められてきている。

(2)　日本の裁判所がもつ権限について説明した次の文章の［　　　　　　］に当てはまる適当な内容を書きなさい。

> 裁判所には，内閣が定める命令，規則，処分や，国会が制定する法律が［　　　　　　］する権限があります。特に，最高裁判所は，最終的な決定権をもつことから「憲法の番人」とも呼ばれます。

⑤　次は，学習の終わりに真紀さんが書いたふり返りの一部です。(1)，(2)に答えなさい。

> 今回の学習を終え，私は「持続可能な開発目標（SDGs）」についての授業を思い出しています。目標の達成に向け，(e)国際連合（国連）や各国の政府だけでなく，(f)非政府組織や企業，そしてわたしたち市民が協力して取り組むことが重要だと学習しました。公正な社会の実現に向けても，一人一人が自分に何ができるのかを考え，実際に行動していくことが大切なのだと思います。

(1)　下線部(e)について述べた文として最も適当なのは，**ア**～**エ**のうちではどれですか。一つ答えなさい。

ア　各国の保護貿易の強化をおもな目的として設立された国際機構である。

イ　総会で加盟国が投票できる票数は，国連予算の分担の割合によって異なる。

ウ　日本は常任理事国として安全保障理事会に参加し，重要な役割を担っている。

エ　国際法上の問題に関する紛争についての裁判を行う機関が設置されている。

(2)　下線部(f)をアルファベットの略称で書きなさい。

用　紙

※

※70点満点
（配点非公表）

4

①	
②	
③(1)	
③(2)	
④	

5

①(1)	
①(2)	
②	X
	Y
③	選挙
④(1)	
④(2)	
⑤(1)	
⑤(2)	

① 下線部(あ)について，図は，ガスバーナーを模式的に表したものです。ガスバーナーに火をつけた後，炎を調節するための操作として適当なのは，**ア**～**エ**のうちではどれですか。一つ答えなさい。

ア a でガスの量を調節し， b で空気の量を調節する。
イ a でガスの量を調節し， c で空気の量を調節する。
ウ b でガスの量を調節し， c で空気の量を調節する。
エ c でガスの量を調節し， b で空気の量を調節する。

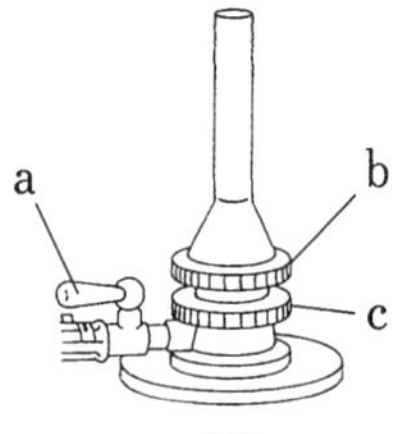

図

② 下線部(い)について，物質Aとして適当なのは，**ア**～**エ**のうちのどれですか。一つ答えなさい。

ア デンプン　　**イ** 食塩　　**ウ** 砂糖　　**エ** 重曹

③ 【実験２】において，物質Bを溶かしてできた水溶液の質量パーセント濃度は何％ですか。小数第２位を四捨五入し，小数第１位まで書きなさい。

④ 食塩を完全に溶かしたときの，食塩水のようすを表したモデルとして最も適当なのは，**ア**～**エ**のうちではどれですか。一つ答えなさい。ただし，「⊕」はナトリウムイオンを，「⊖」は塩化物イオンを表すものとします。

ア
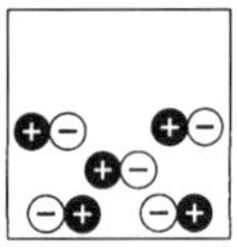
イ
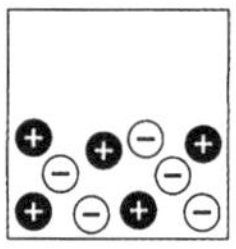
ウ
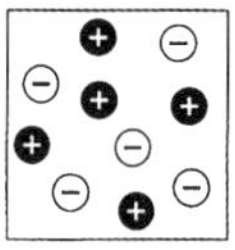
エ
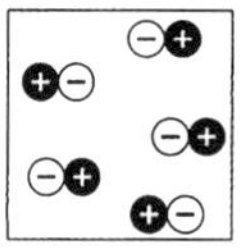

⑤ 〈会話〉の［　　　　］に当てはまる適当な語を書きなさい。

⑥ 下線部(う)の実験とその結果として適当でないのは，**ア**～**オ**のうちではどれですか。すべて答えなさい。

ア 水溶液にフェノールフタレイン溶液を加えて，うすい赤色に変化すれば重曹である。
イ 水溶液を青色リトマス紙につけて，赤色に変化すれば重曹である。
ウ 加熱してできた液体を青色の塩化コバルト紙につけて，うすい赤色に変化すれば重曹である。
エ 加熱して発生した気体を石灰水に通して，白くにごれば重曹である。
オ 加熱して残った白い物質の水溶液にフェノールフタレイン溶液を加えて，色が変化せず，無色のままであれば重曹である。

4　田中さんと松本さんは天体の動きを観察するために，スマートフォンを使って動画を撮影することにしました。記録１と記録２は，田中さんが岡山県の自宅において，スマートフォンを真南に向けて固定し，南の空を撮影したときのものです。①～⑤に答えなさい。

【記録１】
２月17日に太陽を撮影し，太陽の動きを観察した。太陽は高度を変えながら，東から西に移動していた。図１は太陽が南中したときのスマートフォンの画面を模式的に示したものである。このとき，太陽は城の真上で観察された。

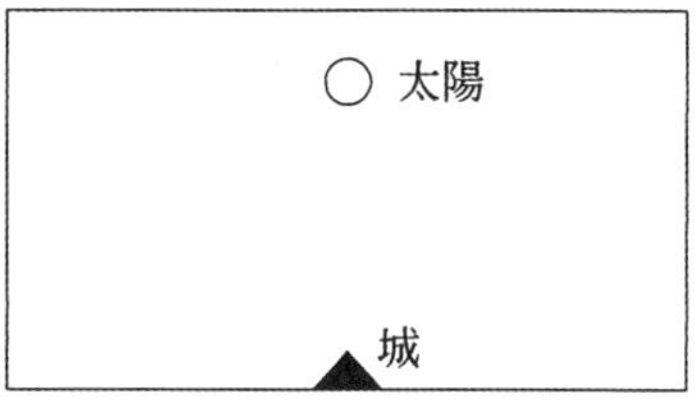

図１

【記録２】
【記録１】と同じ日に夜空を撮影し，星の動きを観察した。21時に撮影を開始したとき，スマートフォンの画面中央にはおおいぬ座が観察でき，城の真上にはシリウスがあった。図２はそのときのスマートフォンの画面を模式的に示したものである。

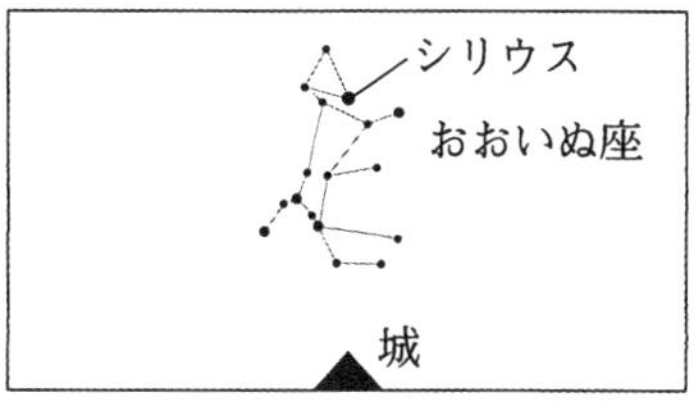

図２

①　太陽のように自ら光を放っている天体を何といいますか。

②　下線部について，太陽の南中高度を説明した，次の文章の［ P ］と［ Q ］に当てはまることばを書きなさい。

> 岡山県よりも緯度が低い高知県では，同じ日の南中高度は岡山県より［ P ］なる。また，地球は公転面に垂直な方向に対して，［ Q ］公転しているため，同じ場所で継続的に観察を行うと，南中高度は季節によって変化する。

③　【記録２】を撮影した日から１か月後，田中さんは【記録２】と同じように固定したスマートフォンで21時に動画の撮影を開始しましたが，おおいぬ座は画面中央にはありませんでした。この日に，図２とほぼ同じように画面中央の城の上でおおいぬ座が観察できる時刻として最も適当なのは，**ア**～**エ**のうちではどれですか。一つ答えなさい。

ア　19時　　**イ**　20時　　**ウ**　22時　　**エ**　23時

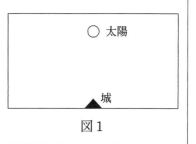

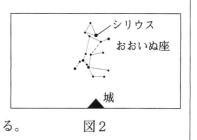

④　松本さんは，田中さんの家から西に約 1 km 離れた位置にある自宅の窓から，【記録 2】と同じ 2 月 17 日の 21 時にスマートフォンを真南に向けて固定して動画の撮影を開始しました。松本さんが撮影を開始したときのスマートフォンの画面で観察できるおおいぬ座と城の位置を表しているものとして最も適当なのは，ア～エのうちではどれですか。一つ答えなさい。

ア
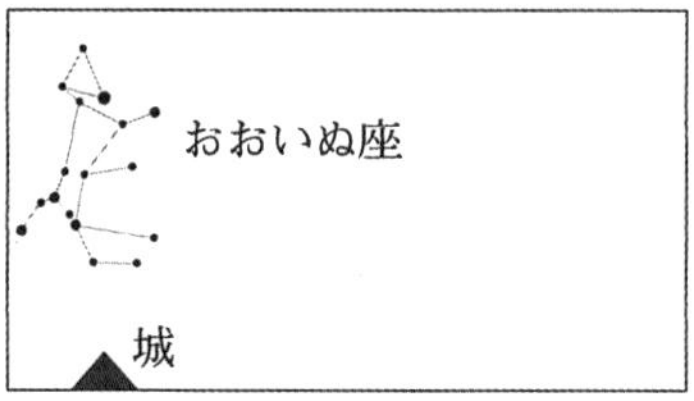

イ
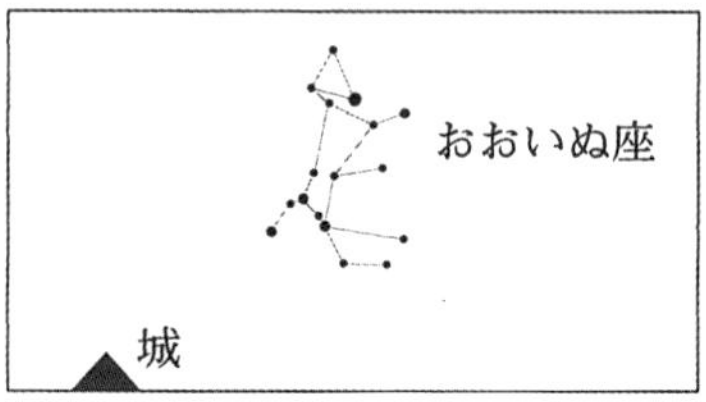

ウ
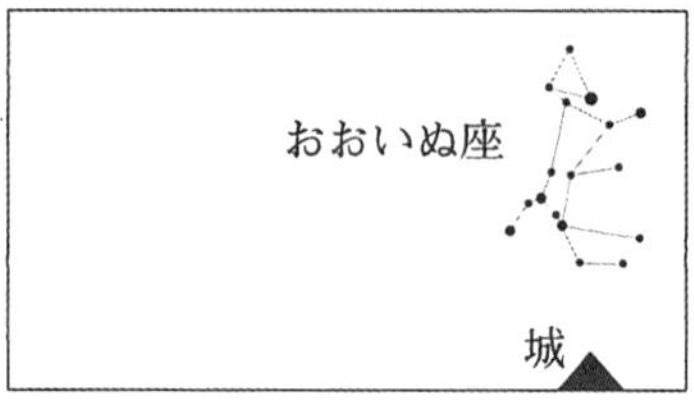

エ
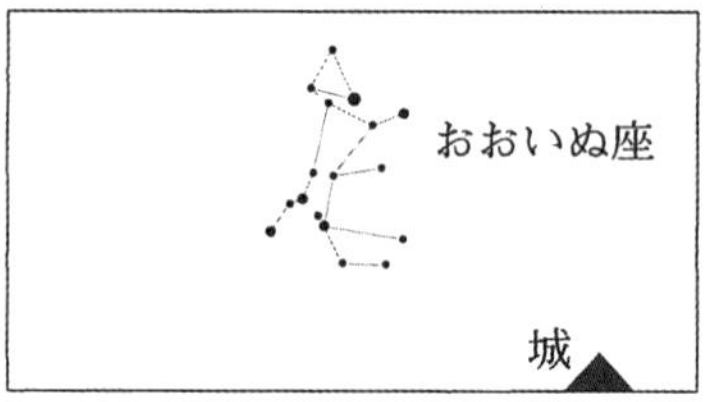

⑤　次の表は，太陽系の惑星である火星，木星，金星，土星，地球の特徴の一部を示しています。(1)，(2) に答えなさい。

表

惑星	地球	ア	イ	ウ	エ
密度〔g/cm^3〕	5.51	0.69	1.33	3.93	5.24
赤道半径	1.00	9.45	11.21	0.53	0.95
太陽からの距離	1.00	9.55	5.20	1.52	0.72

（注）赤道半径と太陽からの距離は地球を 1.00 とした値

(1)　木星は，表のア～エのうちのどれですか。一つ答えなさい。

(2)　日本において，明け方前後と夕方前後に観察できる場合はあっても，真夜中に観察できない惑星は，表のア～エのうちではどれですか。一つ答えなさい。また，その惑星が真夜中に観察できない理由を，「公転」という語を用いて説明しなさい。

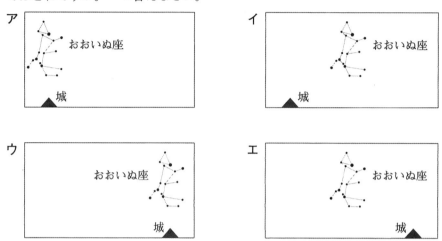

5 植物の光合成について調べるために，観察と実験を行いました。①～⑥に答えなさい。

【観察】

(a)緑色ピーマンと赤色パプリカそれぞれの葉と果実を薄く切って，プレパラートを作成し，(b)顕微鏡で観察を行った。緑色ピーマンの葉と赤色パプリカの葉の細胞内では葉緑体が観察された。また，緑色ピーマンの果実でも細胞内に葉緑体が観察され，赤色パプリカの果実では細胞内に赤色やだいだい色の粒が観察された。

【実験1】

緑色ピーマンと赤色パプリカそれぞれの葉と果実を使って実験を行った。

青色のBTB溶液にストローで息を吹き込んで緑色にしたものを，試験管A～Eに入れた。図1のように，試験管B～Eに同程度の面積に切った葉と果実をBTB溶液に直接つかないように注意して入れ，試験管をゴム栓でふさいだ。

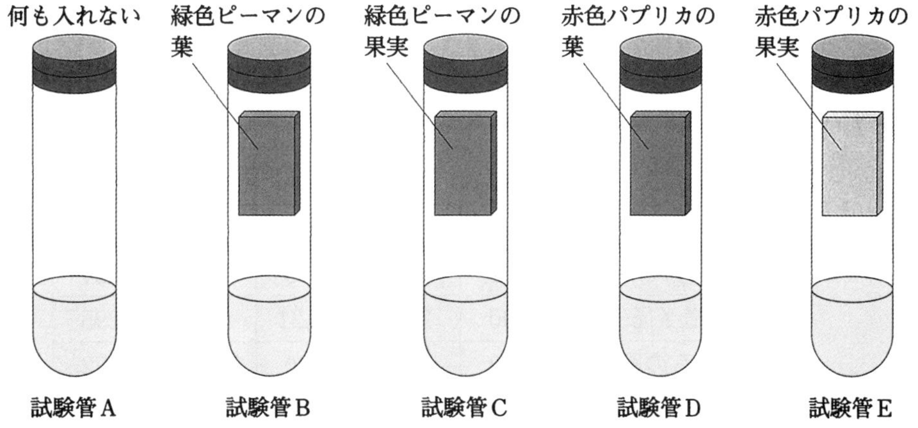

図1

試験管A～Eに光を1時間当てた後，BTB溶液が葉や果実につかないように軽く振って，BTB溶液の色の変化を観察し，その結果を表1にまとめた。

表1

試験管	A	B	C	D	E
BTB溶液の色の変化	緑→緑	緑→青	緑→緑	緑→青	緑→黄

【考察】

【実験１】の表１のBTB溶液の色の変化は［ X ］の増減によるものである。試験管Bと試験管DのBTB溶液が青色に変化したことから，緑色ピーマンの葉と赤色パプリカの葉が行った［ Y ］により，試験管内の［ X ］が減少したと考えられる。

また，試験管EのBTB溶液が黄色に変化したことから，赤色パプリカの果実が行った［ Z ］により，試験管内の［ X ］が増加したと考えられる。

試験管Cにおいて，BTB溶液の色の変化が見られなかった理由については，【実験１】の結果のみでは説明をすることが難しいため，【実験２】を行うことにした。

① 下線部(a)について，成長して果実になるのは，花のつくりのどの部分ですか。

② 下線部(b)について，観察を行うときに，顕微鏡の接眼レンズは変えずに，レボルバーを回して高倍率の対物レンズに変えました。このときの観察できる範囲（視野の広さ）の変化として最も適当なのは，**ア**～**ウ**のうちのどれですか。一つ答えなさい。

ア 広くなる　　**イ** 変化しない　　**ウ** 狭くなる

③ ピーマンやパプリカなどの光合成を行う生物は，生態系において生産者とよばれています。生産者とよばれるものとして適当なのは，**ア**～**オ**のうちではどれですか。当てはまるものをすべて答えなさい。

ア ゼニゴケ　　**イ** シイタケ　　**ウ** アブラナ　　**エ** ウサギ　　**オ** ミミズ

④ 【実験１】で試験管B～Eとの比較のために試験管Aを用意したように，調べたいことがら以外の条件を同じにして行う実験のことを，何といいますか。

⑤ 【考察】の［ X ］～［ Z ］に当てはまる語の組み合わせとして最も適当なのは，**ア**～**エ**のうちではどれですか。一つ答えなさい。

	X	Y	Z
ア	酸素	呼吸	光合成
イ	酸素	光合成	呼吸
ウ	二酸化炭素	呼吸	光合成
エ	二酸化炭素	光合成	呼吸

【実験２】

【実験１】と同様の手順で図２のように試験管F～Jを用意して，光が全く当たらないようにアルミニウム箔《はく》を巻いた。

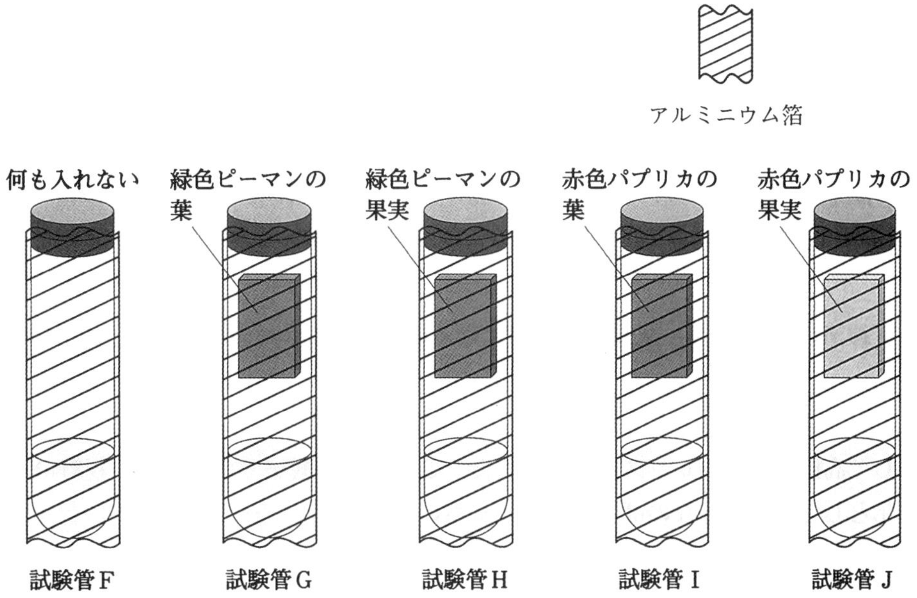

図２

試験管F～Jを１時間置いた後，BTB 溶液が葉や果実につかないように軽く振って，BTB 溶液の色の変化を観察し，その結果を表２にまとめた。

表２

試験管	F	G	H	I	J
BTB 溶液の色の変化	緑→緑	緑→黄	緑→黄	緑→黄	緑→黄

⑥ 【実験１】の試験管Cにおいて，BTB 溶液の色の変化が見られなかった理由を説明する根拠として最も適当なのは，【実験２】の試験管F～Jのうちではどれですか。一つ答えなさい。また，試験管CでBTB 溶液の色の変化が見られなかった理由を書きなさい。

用　紙

※

※70点満点
（配点非公表）

	（%）

4

①		
②P		
②Q		
③		
④		
⑤(1)		
⑤(2)	惑星	
	理由	

5

①		
②		
③		
④		
⑤		
⑥	試験管	
	理由	

（Ⅰ）

※教英出版注
音声は，解答集の書籍ＩＤ番号を教英出版ウェブサイトで入力して聴くことができます。

1 聞き取り検査

問題A 次の英文が２回読まれるのを聞いて，問題用紙の指示に従って答える。

(1)
John is a boy wearing a cap. He is sitting between two boys.

(2)
I cleaned my room after lunch yesterday.

問題B 次の英文が２回読まれるのを聞いて，問題用紙の指示に従って答える。

Hajime, I need your help. Do you see my dictionary on the desk in my room ? I need it for my Japanese lesson. Can you bring it to me ? I'm in front of the station. I have to take the train which leaves at eleven, so I don't have time to go back home.

「人気ナンバーワン」の部分を number one で書いてみたけれど，この表現では「人気である」ということが伝わらないかもしれないな。別の表現で書いてみよう。

「おすすめ」の部分は，シェフが私たちにどうしてほしいのかを考えると，知っている単語で表現できそう。

[Emi]

Emi のノート

「当店人気ナンバーワン」

This is the number one food at this restaurant.

→ This is the [①] food at this restaurant.

「シェフ Rui 本日のおすすめ」

It is the food that Chef Rui [②] today.

4 Glen 先生の英語の授業で，中学生の Taku，Nick，Misaki が，自身の中学校における読書の状況についてのグラフ（graph）を見ながら，話し合いをしています。次の英文は，話し合いと，それを聞いて Naho が授業で書いたワークシートです。①～⑥に答えなさい。

■ 話し合い

Mr. Glen : Look at Graph 1. This shows the results of the school survey that you answered. I (あ)find this last week. What can we learn from this graph ?

Graph 1

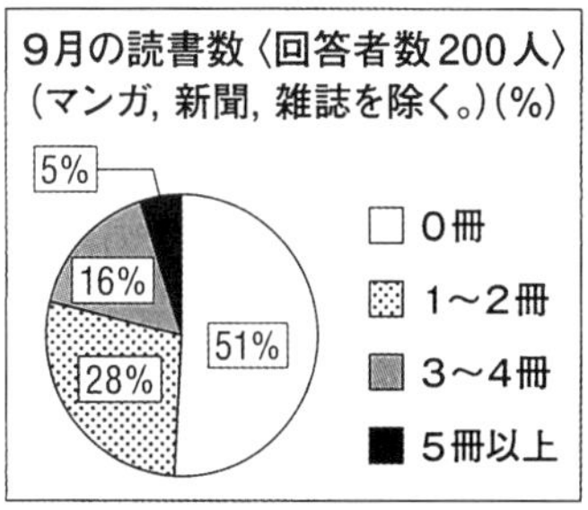

Taku : About [(い)] students read no books in September.

Mr. Glen : Does it mean you don't have a reading habit ?

Taku : Yes. We can see that by looking at that graph. Some students don't read books.

Nick : Really ? I don't think that is true. That graph shows the number of books that we read in September. We also need to see [(う)].

Mr. Glen : With those data, we can see the changes between months. It is difficult to see everything only with Graph 1. To learn your reading habit, you need more data. Do you have any other ideas ?

Misaki : We also need to consider when we answered the survey. We had our school festival in September, and we were busy then. I read books almost every month, but I didn't read any books in September.

Nick : That graph doesn't show that it was difficult for us to have time to read books then. We need to use the data carefully.

Taku : Now I understand. Mr. Glen, do you know why some students didn't read any books then ? I think there are some causes of this. If we find them, we can think about ways to improve the situation.

Mr. Glen : OK, let's think about that. The survey asked the students why they didn't read any books in September. I made Graph 2 from the survey results. Now let's guess Reasons (X), (Y) and (Z) in Graph 2.

Taku : Maybe they're not interested in reading.

Misaki : Really ? Students often say that they are too busy. They say that reading takes a lot of time.

Nick : They don't know which book to read.

Mr. Glen : Now let's check. Nick's idea is Reason (X), Misaki's is Reason (Y), and Taku's is Reason (Z).

Taku : With Graph 2, we can see why they read no books in September.

Graph 2

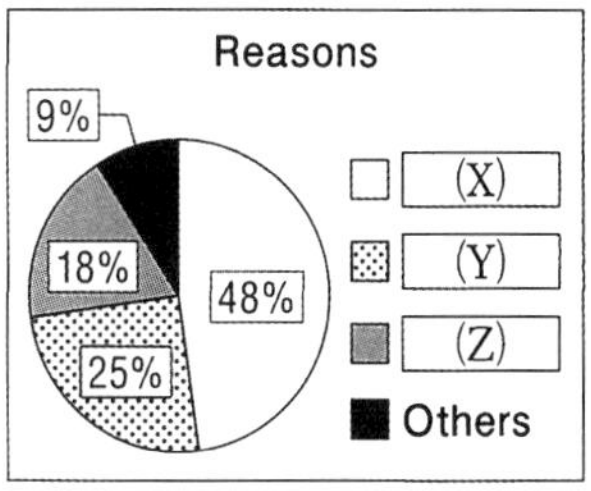

Mr. Glen : It is difficult to find the [(え)] causes of this situation only by guessing. To find ways to solve a problem, we can use different data and ask "Why ? " or "Is that really [(え)] ? " many times. However, there are a lot of things to consider when we use data. What do we need to think about ? Please write your idea.

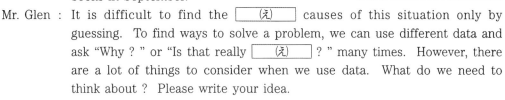

■ Naho が授業で書いたワークシート

I understand that it is important to have different data. When we use data, I think that it is also important to [(お)]. Some of the data may be wrong. If it is wrong, we can't find ways to improve the situation. We should not easily believe the data that we can get.

〔注〕

survey アンケート調査　　reading habit 読書習慣　　data データ
consider ～ ～を考慮する　　cause 原因　　situation 状況
wrong 誤っている

① 下線部(あ)の単語を，最も適当な形に変えて書きなさい。

② [(い)] に入れるのに最も適当なのは，ア～エのうちではどれですか。一つ答えなさい。

ア 10　　イ 30　　ウ 60　　エ 100

③ [(う)] に入れるのに最も適当なのは，ア～エのうちではどれですか。一つ答えなさい。

ア where the students often read books in September
イ how many books the students read in other months
ウ what the students thought about the survey
エ how many times the students have answered this survey

④ Graph 2 の [(Y)]，[(Z)] に入れる英語の組み合わせとして最も適当なのは，ア～エのうちではどれですか。一つ答えなさい。

ア (Y) I don't like reading.　　(Z) I'm very busy.
イ (Y) I'm very busy.　　(Z) I don't like reading.
ウ (Y) Books are expensive.　　(Z) Reading takes time.
エ (Y) Reading takes time.　　(Z) Books are expensive.

⑤ [(え)] に共通して入れるのに最も適当な英語１語を，話し合いの中の生徒の発言から抜き出して書きなさい。

⑥ [(お)] に入れるのに最も適当なのは，ア～エのうちではどれですか。一つ答えなさい。

ア choose data which must be changed
イ collect data without thinking carefully
ウ check that each data is right
エ use the same data in a different situation

5 次の英文は，中学生の Maki が英語の授業で書いた作文です。①～⑥に答えなさい。

If your toy is broken, what do you do ? Do you throw it away and buy a new one ? Instead, you can take it to a toy hospital. Toy doctors repair broken toys at toy hospitals. If toys are repaired, you can play with (あ)them again.

I read a newspaper article about toy hospitals two years ago. To know more about them, I worked at Sato Toy Hospital as a volunteer for a month last summer. Mr. Sato is a toy doctor there. He gave me this chance. ((い)ask / job / my / to / was) toy owners what problem their toys had and to help Mr. Sato. During the work, he often said to me, “Though it is sometimes difficult to repair toys, toy doctors do not give up easily.”

Mr. Sato taught me how to make new parts for broken toys. Several days later, a boy came to the hospital with his toy, and I gave it my first treatment. I made some parts for the toy, and finished repairing it with some help from Mr. Sato. The treatment went well. The boy said to me, “I'm happy. Thank you.” When I heard this, I felt [(う)]. However, things sometimes did not go well.

One day, a girl visited us with (え)her broken toy. It was a music box. Its condition was not good. I thought that it was impossible for us to repair it, but I did not say this to the girl. Instead, I asked her about the toy's condition, and Mr. Sato listened to her carefully. He said, “Oh, this is from your grandmother. Then it's very important to you. We will take care of this.” He looked at the toy carefully, explained how to repair it, and started making some new parts for it. While he was repairing the music box, he showed her that it was getting better. He kept encouraging her, and the girl kept watching him. Finally she said, “It's singing ! I'm so happy ! ” The girl smiled, and Mr. Sato smiled back at her. It was nice to see them, but I did not know what to say to the girl. I only stood by Mr. Sato. I could not help her. I felt bad about that.

After the work, Mr. Sato said to me, “Are you OK ? Don't feel so [(お)], Maki. How did you feel after your first treatment ? You felt happy, right ? Don't give up too easily. If toy doctors give up, owners have to say goodbye to their toys.” He encouraged me, and I understood why he always listened to toy owners.

The experience at Sato Toy Hospital has taught me (か)another meaning of repairing something broken. When something is repaired, it can be used again. This is one meaning of repairing something broken. It also means thinking about the time that owners have shared with it. To do so, it is important to listen to them. I know that Mr. Sato always does so.

〔注〕

broken　壊れた	throw ～ away　～を捨てる	repair ～　～を修理する
owner　持ち主	give up　あきらめる	parts　部品
treatment　治療，処置	go well　うまくいく	music box　オルゴール
condition　状態	impossible　不可能な	meaning　意味

① 下線部(あ)が指すのは何ですか。英語1語を同じ段落中から抜き出して書きなさい。

② 下線部(い)の語をすべて用いて，意味が通るように並べ替えなさい。ただし，文頭にくる語もすべて小文字にしてあります。

③ [(う)]，[(お)] に入れる英語の組み合わせとして最も適当なのは，**ア**～**エ**のうちではどれですか。一つ答えなさい。

ア	(う) glad	(お) proud
イ	(う) glad	(お) disappointed
ウ	(う) nervous	(お) proud
エ	(う) nervous	(お) disappointed

④ 下線部(え)に関して，Mr. Sato が行ったこととして，当てはまらないものは，**ア**～**エ**のうちではどれですか。一つ答えなさい。

ア オルゴールの状態を入念にみる
イ オルゴールの状態を記録する
ウ オルゴールの修理の仕方を説明する
エ オルゴールの修理の様子を見せる

⑤ 下線部(か)の具体的内容を説明する次の文の [(1)]，[(2)] にそれぞれ適当な日本語を入れなさい。

壊れたものを修理するということは，持ち主がそれと共有している [(1)] ことを意味している。これには，[(2)] ことが重要である。

⑥ 本文の内容と合っているのは，**ア**～**オ**のうちではどれですか。当てはまるものをすべて答えなさい。

ア Maki did volunteer activities at Sato Toy Hospital for two years.
イ Maki brought her broken toy to Sato Toy Hospital and repaired it with Mr. Sato.
ウ Maki got some help from Mr. Sato when she repaired a toy for the first time.
エ Maki thought that she and Mr. Sato could not repair the girl's music box.
オ Maki made some parts for the music box, and the girl finally listened to it again.

用　紙

※

※70点満点
（配点非公表）

3

①	
②	

4

①	
②	
③	
④	
⑤	
⑥	

5

①	
②	
③	
④	
⑤(1)	
⑤(2)	
⑥	

② $a = \frac{1}{3}$ とします。図２のように，関数 $y = \frac{1}{3}x^2$ のグラフ上に，点Ａと y 座標が等しく x 座標が異なる点Ｃをとります。また，関数 $y = -x^2$ のグラフ上に，点Ｂと y 座標が等しく x 座標が異なる点Ｄをとり，四角形ＡＣＤＢをつくります。⑴，⑵に答えなさい。

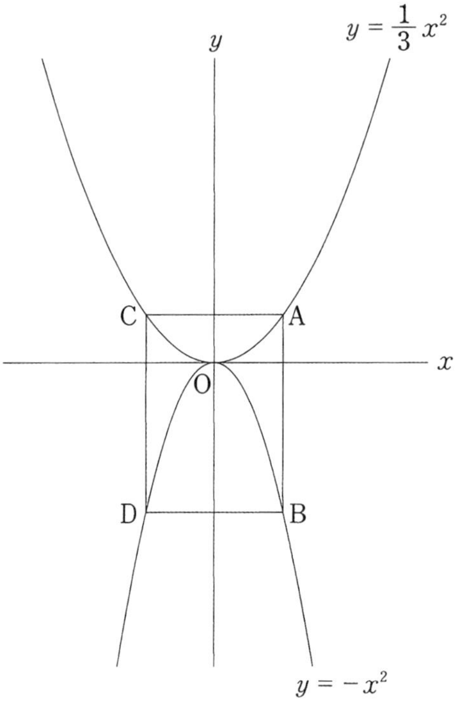

図２

⑴ 点Ａの x 座標を t とするとき，線分ＡＣの長さを t を使って表しなさい。

⑵ 四角形ＡＣＤＢの周の長さが 12 となるとき，点Ａの座標を求めなさい。

4　花子さんと次郎さんのクラスでは，文化祭でさいころを使ったゲームを企画しています。**＜企画ノートの一部＞**と**＜会話＞**を読んで，①～④に答えなさい。ただし，さいころの１から６までの目の出方は，同様に確からしいものとします。

＜企画ノートの一部＞

※ゲーム１回に対して，次の【ルール】に従って行う。

【ルール】

大小２つのさいころを同時に１回投げてもらい，
次のＡ～Ｃを１つ満たすごとにあめ玉を１個渡す。

Ａ：出た目の数の和が８以上となる。
Ｂ：出た目の数の差が２となる。
Ｃ：出た目の数の積が奇数となる。

【用意するもの】

＜会話＞

花子：ゲームを１回行うとき，渡すあめ玉は０個のときもあれば３個のときもあるね。例えば，ゲームを１回行うとき，大きいさいころで６の目，小さいさいころで４の目が出たら，渡すあめ玉は［(1)］個だね。

次郎：Ａ～Ｃのうちでは，どれが起こりやすいのかな。

花子：(あ)それぞれの起こる確率を比較すれば，起こりやすさを判断することができるよ。

次郎：なるほど，そうだね。

花子：それから，文化祭ではあめ玉を用意しないといけないけれど，どのくらいあればいいかな。

次郎：文化祭の時間内でできるゲームの回数を最大1800回として計算してみよう。例えば，Ｂの起こる確率は［(2)］だから，1800回のうちＢの起こる回数の割合が［(2)］であると考えられるので，(い)Ｂがおよそ何回起こるかを推定することができるよ。

花子：そうすると，渡すあめ玉の数がどのくらいになるかわかるね。

次郎：(う)ＡとＣについてもＢと同じように考えれば，文化祭で渡すあめ玉の総数がどのくらいになるか計算することができるよ。

花子：およその数がわかると，文化祭の準備はスムーズにできるね。

① [(1)], [(2)] に適当な数を書きなさい。

② 下線部(あ)について，AとCでは，どちらの方が起こりやすいといえますか。それぞれの確率を使って説明しなさい。

③ 下線部(い)について，ゲームを1800回行うとき，Bがおよそ何回起こるかを求めなさい。ただし，解答欄には式も書きなさい。

④ 下線部(う)について，花子さんと次郎さんは，文化祭でゲームを1800回行うとき，渡すあめ玉の総数がどのくらいになるか計算してみました。計算した結果，渡すあめ玉の総数として最も適当なのは，**ア**～**エ**のうちではどれですか。一つ答えなさい。

ア　およそ800個
イ　およそ1200個
ウ　およそ1600個
エ　およそ2000個

5 図1は，底面が正方形で，側面が二等辺三角形の正四角錐《すい》ＯＡＢＣＤです。①～④に答えなさい。

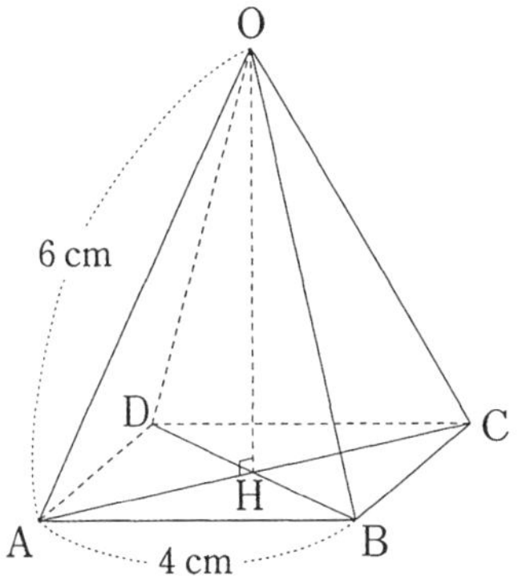

図1

【正四角錐ＯＡＢＣＤの説明】
- ＯＡ＝6 cm
- ＡＢ＝4 cm
- 点Ｈは正方形ＡＢＣＤの対角線の交点

① 図1について正しく述べているのは，**ア**～**エ**のうちではどれですか。一つ答えなさい。

ア 直線ＯＡと直線ＢＣは平行である。
イ 直線ＯＢと直線ＯＤはねじれの位置にある。
ウ 直線ＡＤと平面ＯＢＣは平行である。
エ 平面ＯＡＢと平面ＡＢＣＤは垂直である。

② 線分ＡＨの長さを求めなさい。

③ 正四角錐ＯＡＢＣＤの体積を求めなさい。

④　図２のように，正四角錐ＯＡＢＣＤの点Ａから，辺ＯＢと辺ＯＣを通って点Ｄまで，ひもの長さが最も短くなるようにひもをかけます。また，図３は，正四角錐ＯＡＢＣＤの展開図であり，点Ｅは，線分ＡＤと線分ＯＢとの交点です。⑴，⑵に答えなさい。

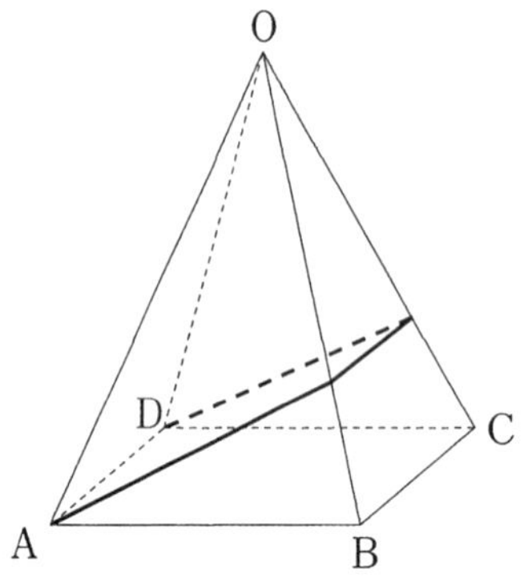

図２

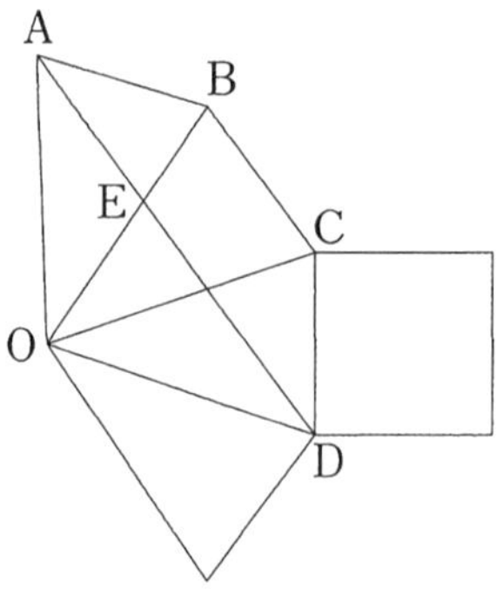

図３

⑴　図３において，△ＯＡＢ∽△ＡＥＢであることは次のように証明することができます。［(あ)］～［(う)］に当てはまるものとして最も適当なのは，**ア**～**カ**のうちではどれですか。それぞれ一つ答えなさい。また，［(え)］には証明の続きを書き，証明を完成させなさい。

> 証明
>
> △ＯＡＢと△ＡＥＢにおいて，$\angle$ＡＯＢ＝$\angle x$とすると，
>
> △ＯＡＢはＯＡ＝ＯＢの二等辺三角形だから，$\angle$ＯＡＢ＝［(あ)］である。
>
> また，△ＯＡＤは$\angle$ＡＯＤ＝［(い)］，ＯＡ＝ＯＤの二等辺三角形だから，
>
> $\angle$ＯＡＤ＝［(う)］である。
>
> ［(え)］
>
> △ＯＡＢ∽△ＡＥＢである。

ア　$2\angle x$　　**イ**　$3\angle x$　　**ウ**　$90° - \angle x$

エ　$90° - \frac{1}{3}\angle x$　　**オ**　$90° - \frac{1}{2}\angle x$　　**カ**　$90° - \frac{3}{2}\angle x$

⑵　点Ａから点Ｄまでかけたひもの長さを求めなさい。

紙

※

※70点満点
（配点非公表）

缶	(kg)
ル缶	(kg)

,)

(個)
(答) およそ 回

5

①	
②	(cm)
③	(cm^3)
④(1)(あ)	
④(1)(い)	
④(1)(う)	
④(1)(え)	△ＯＡＢ∽△ＡＥＢである。
④(2)	(cm)

受検番号	(算用数字)	志願校	

注意 1 答えに$\sqrt{\ }$が含まれるときは，$\sqrt{\ }$をつけたままで答えなさい。
また，$\sqrt{\ }$の中の数は，できるだけ小さい自然数にしなさい。

2 円周率はπを用いなさい。

解 答

1

①	
②	
③	
④	
⑤	
⑥	
⑦	(cm^2)
⑧	
⑨	
⑩	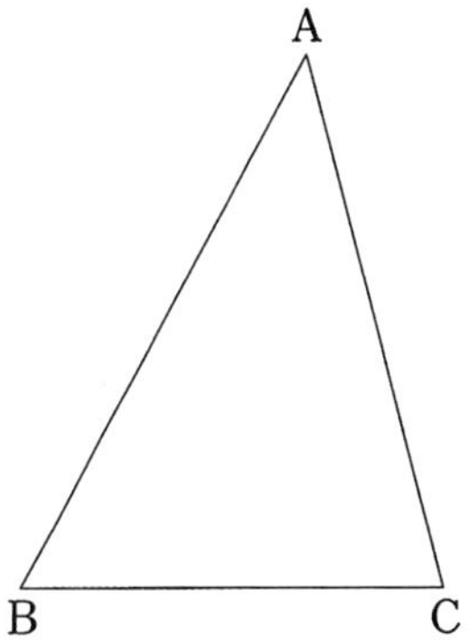

2

①	
②	
②	

3

①	
①	
①	
②	
②	

4

①	
①	
(	
(	
(	

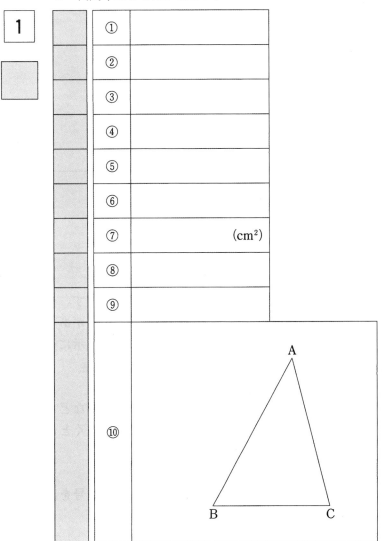

令和４年度学力検査［第Ⅰ期］

数　学　（45分）

受検上の注意

1　「始めなさい。」の指示があるまで，問題を見てはいけません。

2　解答用紙は，この表紙の裏面です。

3　指示があったら，解答用紙と問題用紙を全部調べなさい。
　問題用紙は１ページから10ページにわたって印刷してあります。もし，ページが足りなかったり，やぶれていたり，印刷のわるいところがあったりした場合は，手をあげて監督の先生に言いなさい。そのあと，指示に従って解答用紙に受検番号，志願校名を書き入れてから始めなさい。

4　解答用紙の定められたところに，記号，数，式，ことば，文章などを書き入れて答えるようになっていますから，よく注意して，答えを書くところや書き方をまちがえないようにしなさい。

5　答えが解答欄の外にはみ出したり，アかイかよくわからない記号を書いたりすると，誤答として採点されることがあります。

6　解答用紙に印刷してある □ や ※□ には，なにも書いてはいけません。

7　メモなどには，問題用紙の余白を利用しなさい。

8　「やめなさい。」の指示があったら，すぐに書くのをやめ，解答用紙を机の上に広げて置きなさい。問題用紙は持ち帰りなさい。

9　解答用紙は，検査室からいっさい持ち出してはいけません。

諸田　「花ももみじもない」といいながら、実はその言葉を出すことで、読者の脳裏には即座に「花」や「紅葉」がイメージされるんです。

串田　そうか、杜牧の「山行」も、［B］。

諸田　ええ。それを言葉として提示することで、実景以上に鮮やかな「詩的イメージ」を作り出すことに成功していると思います。

（出典　串田久治・諸田龍美「ゆっくり楽に生きる　漢詩の知恵」）

（注）杜牧――中国、唐代の詩人。
宋玉――中国、戦国時代の詩人。
詩経――中国最古の詩集。
モノトーン――単一色の濃淡や明暗だけで表現すること。
五行思想――中国の古代思想。五つの元素が万物を構成し、支配するという考え方。この考えに基づくと四季には色があり、春は青、夏は赤、秋は白、冬は黒となる。

① 「山行」の漢詩の形式は何といいますか。漢字四字で書きなさい。

② ［A］に入る、現存する日本最古の歌集の名前を書きなさい。

③ ［B］に入ることばとして最も適当なのは、**ア**～**エ**のうちではどれですか。一つ答えなさい。

ア　「二月の花」は実際には見えていないんですからね
イ　「霜葉」はまだ紅葉なんてしていないんですからね
ウ　「二月の花」と「霜葉」の両方が寒い季節の花ですからね
エ　「二月の花」と「霜葉」は同じくらい赤いんですからね

④ 「山行」を授業で学習した孝一さんは、【対話】を読んで次のような感想文を書きました。［X］、［Y］に入れるのに適当なことばを、それぞれ十字以内で書きなさい。

> 私は「山行」から秋の美しさを感じていましたが、【対話】を読んで、それが二つの特徴によるものだということに気付きました。一つ目は、［X］ことです。後半で、前半のモノトーンの世界に対して紅葉を詠《よ》むことにより、それぞれの美しさを際立《きわだ》たせています。二つ目は、ことばによって想像力をかき立て、鮮やかな詩的イメージを作り出していることです。【対話】で触れられた定家の和歌にも似た特徴が見られますが、この和歌は宋玉の詩によって定着した秋の［Y］に影響されているように思うので、純粋に秋の景色の美しさを詠んでいる「山行」の方が、より鮮やかに秋のイメージを描き出していると思います。この二つの特徴が、「山行」を魅力的な作品にしているのだと感じました。

3

次の文章は、原研哉《はらけんや》の「日本のデザイン、その成り立ちと未来」の一部で、日本の文化とデザインの関係について述べた文章です。これを読んで、①～⑥に答えなさい。

僕はデザインの仕事をしている。デザインにはいろいろなジャンルがあって、皆さんが今座っている椅子ⓐも、テーブルも、手に持っているシャープペンシルも、ノートも、この部屋の空間も、学校の建築も、すべてデザインされたものだ。ある目的をもって、計画的にものを創造していく人間の営みすべてをデザインと呼んでもいい。（中略）

日本の文化の背景には「空っぽ」がある。これについては、まず日本人と神様の関係から話を始めなければならない。ⓑ古来、日本人は神様のことをどう考えてきたか。神様は風来坊のように世界をフラフラと飛び回っている。そんなふうに考えてきた。時には山の上をさまよっていたり、時には田んぼの脇にしゃがんでいたり、時には民家の納屋《なや》の近くにたたずんでいたり、時には海の中のタコ壺《つぼ》にひそんでいたり……。

つまり神様とは自然の力そのものだったのだ。自然がそこにあるようにありとあらゆるところに神様がいる。その恵みに生かされて自分たちは生きている。つまり昔から日本人は自然というものと重ね合わせて神の存在を感じていた。（中略）

神様はあっちへフラフラ、こっちへフラフラしていて所在が不確かなので、ⓒヤクソクをとって会いに行くことは難しい。でも神様の力にお願いしたい。

そこで昔の人は、こんなものをつくれば神様のほうからやってきてくれるかもしれない、と頭を働かせた。四本の柱に縄を結んで地面を囲い、空っぽの空間をつくったのだ。これを「代《しろ》」という。

神様はそこらへんをフラフラと飛び回っているので、柱と縄で囲っただけの何もない空間をつくると、それを目ざとく見つけて降りてくるかもしれない。「入ってくるかもしれない」そのような可能性に対して、神様を深く敬う気持ちが湧き起こる。「神様＝自然」の力がそこに宿っていることを感じて、昔の日本人はこの空っぽの空間に手を合わせてⓓオガんだ。

「代」は神様を呼び込むための空っぽの空間で、これに屋根の付いたものが「屋代」＝「社」ということになる。神社の真ん中にある、神様を祀《まつ》る場所だ。空っぽの中に、もしかしたら宿っているかもしれない神様。その可能性のシンボルとして、昔の日本人は「神社」というものをつくった。

神社に行くと正面に鳥居がある。これも間が空っぽになっている。つまり「ここから出入りするのですよ」という記号だ。この鳥居をいくつもくぐりながら、まん中の「社」にたどりつく。そしてそこで「空っぽ」を介して神様と交流する。

社の前には賽銭箱《さいせんばこ》が置いてある。外からは中が空っぽに見える。思わずお金を入れてしまう。「空っぽ」はいろんなものを引き寄せる。空っぽの神社の中に自分の心や気持ち、つまり祈りを入れて、神様と交流した充実感を得て帰ってくる。

ⓔ神社というのは昔からそういう風にできている。（中略）

茶の湯では、茶室というシンプルな空間で主人と客が向かい合って茶を飲む。茶室には花や掛け軸など最小限のしつらいしかない。窓や軒に切り取られた庭の控えめな景色。障子を通した柔らかな間接光。

ⓕ春を表すのに桜のイメージを取り入れたいとしよう。ヨーロッパのオペラハウスなら、疑似的に桜の木を造形するなどして、リアルで臨場感のある見せ方をするだろう。ところが日本の茶室では、たとえば、水を張った水盤（花や盆栽などを生ける底の浅い平らな陶器）に桜の花びらを数枚散らすだけで、あたかも満開の桜の下にたたずんでいるように見立てる。最小限のしつらいで最大のイメージを共有するのだ。

簡素だからこそ想像力が大きくはばたく。ごくわずかなしつらいに大いなる豊かさを呼び込む。これが「わび」の精神だ。西洋生まれのモダニズムが良しとした合理的な「シンプル」の価値観と似ているようで、全く違う。

そこにはやはり、先ほどから述べてきたような、神を呼び込むための「空っぽ」を運用する感性が息づいているのだ。「シンプル」（簡素な）というより「エンプティ」（空っぽな）。何もないところに想像力を呼び込んで満たす。意味でびっしり埋めるのではなく、意味のない余白を上手に活用する。日本のデザインには、そうした感性が脈々と根付いていると僕は思う。

（出典　「創造するということ」ちくまプリマー新書）

（注）　風来坊――どこからともなくやって来て、またどこへともなく去る人。
しつらい――飾り付け。用意。
軒――屋根の下端で、建物の壁面より外に突出している部分。
オペラハウス――演劇と音楽によって構成されるオペラの上演を目的とする劇場。
モダニズム――現代的で新しい感覚・流行を好む傾向。

① ――の部分ⓒ、ⓓを漢字に直して楷書で書きなさい。

② 「ⓐも」と品詞が同じものは、**ア**～**カ**のうちではどれですか。当てはまるものをすべて答えなさい。

ア友達が **イ**困っていた **ウ**ので、**エ**優しく声 **オ**をかけ **カ**た。

③ ⓑ「古来、日本人は神様のことをどう考えてきたか」とありますが、これに対する筆者の考えを説明した次の文の X 、 Y に入れるのに適当なことばを、それぞれ文章中から二字で抜き出して書きなさい。

古来、日本人は神様のことを、どこにでも存在し、自分たちに生きるための X をもたらす Y の力そのものだと考えてきた。

④ ⓔ「神社というのは昔からそういう風にできている」とありますが、これがどういうことかを説明したものとして最も適当なのは、**ア**～**エ**のうちではどれですか。一つ答えなさい。

ア　いつでも自分たちを助けてくれる神様に対して畏敬の念を表すために、神社は神様が好む空っぽの空間として作られているということ。

イ　居場所の不確かな神様が存在する可能性が高いと人々に思わせるために、神社は鳥居や社を配置して装飾的に作られているということ。

ウ　ありとあらゆるところにいる神様と誰でも交流できる場所にするために、神社は確実に神様がいる場所として作られているということ。

エ　その場所に行けば神様に会えるかもしれないと人々に感じさせるために、神社は計画的に空っぽの空間として作られているということ。

⑤ ⓕ「春を表すのに桜のイメージを取り入れたい」とありますが、ここで述べられているヨーロッパと日本の違いについて具体的に説明した次の文の□に入れるのに適当なことばを、三十字以内で書きなさい。

桜のイメージを用いて春を表現するとき、ヨーロッパのオペラハウスでは、演出家が客に疑似的に再現した桜の木を見せるという方法で直接的に春を感じさせるのに対し、日本の茶室では、主人が客に□という方法で間接的に春を感じさせる。

⑥ この文章で述べられた「日本の文化とデザインの関係」について説明したものとして最も適当なのは、**ア**～**エ**のうちではどれですか。一つ答えなさい。

ア　日本の文化には「空っぽ」を活用しようとする感性が見られ、欠けたところのある作品でも、見る人に不足を補ってもらおうとする作り手の姿勢にも影響を与えている。

イ　日本の文化には「空っぽ」をうまく生かそうとする感性が見られ、新たなものを創り出し、それを見る人の感性を働かせようとする作り手の意図にも影響を与えている。

ウ　日本の文化には「空っぽ」を好ましく思う感性が見られ、何もない空間が偶然できてしまっても、見る人にはそれがよいと思わせる作り手の技術にも影響を与えている。

エ　日本の文化には「空っぽ」を大切にしようとする感性が見られ、自然を題材にした芸術作品によって、見る人を満足させようとする作り手の狙いにも影響を与えている。

4

中学生の桃子さんは、健太さん、絵理さんと一緒に【資料Ⅰ】【資料Ⅱ】を見ながら、情報を得る手段として各メディアがもつ強みと弱みについて話し合った後、新聞の強みについて【資料Ⅲ】のようなメモを書きました。次の【話し合い】を読んで、①～③に答えなさい。

【話し合い】

桃子　まずは【資料Ⅰ】を手掛かりにして、それぞれのメディアの特徴を考えてみようか。

健太　僕は普段よく使っているから、インターネットの結果が気になるな。□という結果には、手軽に情報を得られる一方で信頼できない情報が多いというインターネットの特徴が関係している気がするよ。

絵理　その考え方は正しいかもしれないね。でも、弱みはあるけれど、利便性が高いからこそ、どの年代でもインターネットを重要な情報源だと考える人が多いのだと思うよ。

桃子　テレビはどう？

健太　重要度も信頼度も高い傾向にあるね。信頼度が高いから、信頼できる情報を得られることがテレビの強みと言えそうだね。重要度が高いのは、音声と映像で情報を伝えてくれるので、受け身でいられて楽だからかな。

絵理　確かにね。だけど、録画しない限り視聴する時間や順番を自分で決められない点は弱みかもしれないよ。

健太　新聞はどうかな。10代、20代では重要度も低いし、【資料Ⅱ】からわかる平日の行為者率も5％と低いよ。

桃子　でも、行為者率が低いわりに、重要度や信頼度はとても高いと言えるんじゃない？

絵理　必要なときだけ読むという人や、まったく読まないけれど信頼できると思っている人が多いのかもね。

健太　新聞の強みを理解するには、【資料Ⅰ】【資料Ⅱ】からわかること以外にも目を向ける必要がありそうだね。

絵理　新聞が本や雑誌と同じ活字メディアだということに注目したらどうかな。映像メディアのテレビや、複合メディアのインターネットにはない強みが見つかりそうだよ。

桃子　他のメディアとの違いを考えることで、新しい気づきを得られるかもしれないね。私は新聞の強みについてもっと深く考えてみようかな。

① 健太さんの発言の内容が論理的なものとなるために、□に入れるのに最も適当なのは、ア～エのうちではどれですか。一つ答えなさい。

ア　10代、20代では三つの年代の区分の中で重要度が最も低い
イ　10代、20代では三つの年代の区分の中で信頼度が最も高い
ウ　10代、20代では他の二つのメディアよりも重要度が高い
エ　10代、20代では他の二つのメディアよりも信頼度が低い

【資料Ⅰ】各メディアの情報源としての重要度、信頼度

	テレビ		新聞		インターネット	
	重要度	信頼度	重要度	信頼度	重要度	信頼度
10代、20代	80%	59%	30%	58%	87%	34%
30代、40代	87%	60%	47%	66%	83%	29%
50代、60代	91%	65%	73%	71%	65%	28%

「重要度」は「情報を得るための手段（情報源）としてどの程度重要か」という質問に肯定的な回答をした人の割合、「信頼度」は「信頼できる情報がどの程度あると思うか」という質問に肯定的な回答をした人の割合を示している。

② 【話し合い】の特徴を説明したものとして最も適当なのは、**ア**～**エ**のうちではどれですか。一つ答えなさい。

ア 桃子さんは自分の気づきや考えについては何も言わず、話し合いを進行させることに専念している。

イ 健太さんは資料から読み取れることを元に発言しており、三人の合意を形成する役割を果たしている。

ウ 絵理さんは相手の発言を受けて自分の意見を述べており、話し合いの内容を深める役割をしている。

エ 三人ともお互いの意見に対して否定的なことを言わず、資料の数値を具体的に根拠として示している。

③ 【資料Ⅲ】の□に入れるのに適当な内容を、**条件**に従って八十字以上百字以内で書きなさい。

条件
1 一文目に、情報を得る手段として新聞がもつ強みを書くこと。
2 二文目に、一文目で述べた強みの根拠を、活字メディアとしての新聞の特徴を踏まえて書くこと。

【資料Ⅱ】各メディアの行為者率・行為者平均時間（平日）

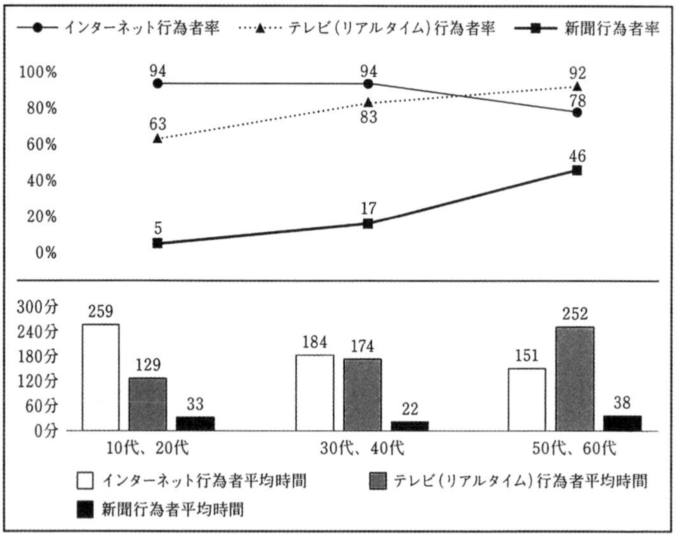

「行為者率」はそのメディアを利用する人の割合、「行為者平均時間」は行為者の１日あたりの平均利用時間を示している。

（【資料Ⅰ】【資料Ⅱ】は総務省「令和２年度　情報通信メディアの利用時間と情報行動に関する調査」から作成）

【資料Ⅲ】桃子さんのメモ

《インターネットと比べたときの強み》
より信頼できる情報を得ることができる。なぜなら、個人で自由に情報を発信できるインターネットとは違い、新聞の記事は専門性をもった記者が取材をもとに書いており、編集者も目を通しているので、より正確な情報が書かれているからだ。

《テレビと比べたときの強み》

3

① ⓒ	① ⓓ	②	③ X	③ Y	④	⑤	⑥
	んだ						

4

①	②	③
		80

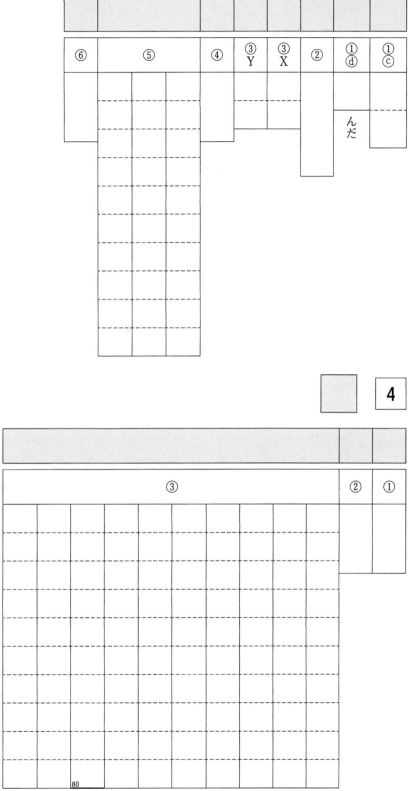